어머니의 백성이 나의 백성이 되리라

어머니의 백성이 나의 백성이 되리라

초판 1쇄 발행 ┃ 2016. 10. 31.
초판 1쇄 인쇄 ┃ 2016. 10. 31.
지은이 ┃ 장죠셉
펴낸이 ┃ 박미옥
펴낸곳 ┃ 맑은하늘
편 집 ┃ 권상아
교 정 ┃ 이지선
일부총판 ┃ 비전북 (031) 907-3927
등 록 ┃ 제 679-30-00202호(2016. 8. 11)
주 소 ┃ 부천시 원미구 중동 1289번지 팰리스카운티
        아이파크상가 5층
전 화 ┃ (032) 611-7578
팩 스 ┃ (032) 343-3567
도서출간상담 ┃ E-mail:chmbit@hanmail.net

ISBN : 979-11-958718-4-1 03230

정가:7,500원

장죠셉 목사의 **룻기서** 강해설교

어머니의 백성이
나의 백성이 되리라

장죠셉 목사

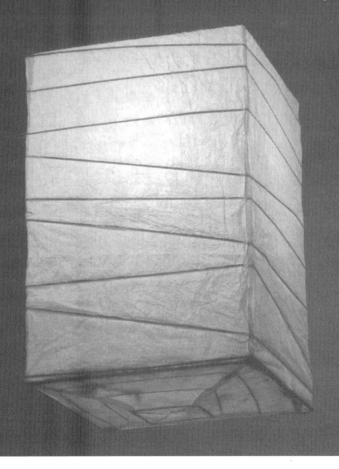

맑은하늘

프롤로그

모든 사람의 가정에는 크고 작은 역사가 있다. 부유한 가정은 그들이 부요하게 되기까지의 내력이 있고, 빈곤한 가정도 그 가정에 내력이 있다. 개인에게도 지난날의 사건들이 있다. 사람은 누구나 풍요로운 삶을 원한다. 그러나 환경이라는 것은 인간이 바라는 대로 풍요로운 삶이 허용되지 않을 때가 가장 많다. 따라서 그 풍요함을 이루기 위해서 사업도 하고 농사도 짓는 것이다. 또한 자연으로 인하여 사회가 기근이라는 어려움을 겪는 경우도 있다. 따라서 경제적으로 윤택한 지역이나 환경적으로 풍요로운 지역으로 이주하기도 한다.

일찍이 아브라함은 하나님의 말씀을 좇아서 고향 하란을 떠나 가나안 땅으로 이주했다. 그가 고향을 떠나도록 마음을 움직인 것은 '큰 민족의 이루게 되고, 그의 이름이 널리 알려지게 할 것이며, 복의 근원이 될 것이고, 가나안 땅을 후손에게 준다' 는 약속을 받았기 때문이다. 아브라함은 모아놓았던 모든 소유를 정리하고 하란을 떠날 때의 그의 나이가 75세였다. 그러나 가나안이 기근으로 말미암아 생활이 궁핍해지자 다시 이집트로 이주하였다. 이집트에서 다시 가나안 땅으로 돌아왔다. 하지만 아내 사라가 낳은 이삭과 하갈이 낳은 이스마엘과의 분쟁이 생겼다. 둘 다 아브라함 자식이지만 하갈과 이스마엘을 좇아낸 가정사가 있다.

또 아브라함의 손자 야곱의 가정사도 파란만장하다. 그는 고향을 떠나 외삼촌이 살고 있는 메소보다미아 땅(티그리스 강과 유브라데강 사이에 위치)으로 갔었다. 그곳에서 장기간 거주하면서 4명의 여인을 얻었다. 그녀들이 낳은 12명의 아들들을 얻었지만 이곳저곳으로 옮겨 다녔다. 그리고 딸이 수모를 당했을 때 아들들의 방종으로 다른 지역으로 이주해야 했고 요셉까지 잃게 된다.

요셉이 이집트로 팔려갈 때가 17살이었다. 그리고 13년이 지나서 죽었다던 요셉이 30살의 젊은 나이에 이집트 총리가 되었다. 요셉은 총리가 된 후 7년의 풍년과 기근이 아버지와 온 가족들을 이집트 고센 땅에 정착시킨 역사가 있다. 야곱은 아들 요셉이 있는 이집트로 이주한 가정사가 있다.

　오래전부터 미국보다 캐나다를 선호하는 것은 사회보장제도 잘 되어 있기 때문이다. 뉴질랜드를 선호하는 경우는 자연경관 때문이기도 하다. 같은 나라에서도 자연경관이나 경제가 활발하게 돌아가는 산업이나 상업지역을 선택하고 이주하게 된다. 그것이 자연환경이거나 경제적인 문제일지라고 이주라는 점은 다르지 않다. 그렇지만 이주라는 것이 생각처럼 평탄한 일만은 아니다. 고향을 떠나거나 고국을 떠나는 일도 슬픈 일이지만 타향에서 안주하는 일 또한 쉬운 일이 아니기 때문이다. 풍토와 언어가 다른 곳에서 적응한다는 것은 정말 어려운 일이다. 안식할 처소를 마련할 때까지 피나는 노력과 쉼 없는 노력이 따라야 되기 때문이다.

　친인척이 없는 타향에서 일터를 얻는 일도 쉽지 않다. 또한 육신적인 노동으로 인하여 병들어도 약 하나 제대로 쓰지 못하고 병원에서의 진료도 제대로 받을 수 없는 경우가 다반사다. 그러한 곳에서 그리운 고향을 떠올리기도 한다. 그러다 슬슬하게 숨을 거두고 싸늘한 시신을 타향 땅에 묻기도 한다.

　룻기도 그러한 배경으로 집안의 역사이야기로 기록되어있다. 하지만 하나님의 섭리는 룻과 우리 개인의 믿음과 어떠한 연관이 있는가를 알려주신다. 나오미의 고통은 물질에 이끌려서 하나님을 떠난데 있었다.

그러나 룻은 그리스도의 조상으로 족보에 오르는 큰 영광을 받았다. 룻이 그러한 축복을 받게 된 것은 룻의 믿음에 있었다. "어머니의 백성이 나의 백성이 되고, 어머니의 하나님이 나의 하나님이 되시리니"(룻 1:16)라 하였다. 룻은 자신이 하나님의 백성이 되게 하려고 개종하였다. 그리고 이스라엘의 백성을 자기의 백성이 되게 하려고 궁핍하고 고달픈 환경에서도 인내로 하나님의 사람들과 어울려서 하나님을 떠나지 않았다는 교훈이다.

이처럼 룻기는 우리와 관련되어 있는 모든 사건과 생활에서 돈을 따라가지 아니하고 하나님을 따라가야 하나님의 나라를 얻게 된다는 교훈이다. 그렇게 되려면 룻처럼 하나님을 나의 하나님이 되시도록 순종하며 따라야 한다. 또한 그렇게 되려면 하나님의 백성을 나의 백성이 되도록 하나님의 사람들과 어울리고 하나님을 떠나지 말아야 한다. 그렇게 생활해야 하는 것은 하나님을 떠나지 아니하고 인정함을 받게 되는 안목을 기르게 되는 것이다.

2016년 10월 30일

장죠섭 목사

| 차례 |

1장. 돈을 따라가는 세태

"들으라. 너희 중에 말하기를 오늘이나 내일이나 우리가 아무 도시에 가서 거기서 1년을 유하며 장사하여 이를 보리라 하는 자들아 내일 일을 너희가 알지 못하는도다. 너희 생명이 무엇이뇨. 너희는 잠간 보이다가 없어지는 안개니라."(약4:13~14)

룻기는 믿음과 행함이라는 생의 양면성을 보여주는 교훈이다. 따라서 룻기를 읽으면 읽을수록 인간의 무력함과 사단의 올무를 알게 한다. 룻기는 '하나님은 왕'이란 이름의 뜻을 가졌던 엘리멜렉의 한 가족을 주제로 믿는 사람들에게 주는 교훈이다. 그리고 믿음은 환경에 치우쳐서는 안 된다고 알려준다. 엘리멜렉은 육신이 요구하는 배 보고픔을 해결하기 위해 죄악의 도시도 상관하지 아니하고 찾아갔다. 물론 기근이라는 피할 수 없는 환경을 탓할 수도 있다. 그러나 다른 사람들은 다 베들레헴에 그대로 남아있었다. 여기서 보여주는 교훈은 인간의 연약함이다. 오늘날 많은 사람들이 예수님은 축복의 근원이라고 말하면서도 육신의 욕구를 해결하기 위해 죄와 결탁하는 것도 인간의 연약함 때문이다. 이 연약함은 신앙과 연결되어진다.

사사들의 치리하던 때에 그 땅에 흉년이 드니라. 유다 베들레헴에 한 사람이(1:1a)

사사시대라면 가나안에 들어가 정착한지 그리 오래지 않은 때라는 뜻이다. 기근이 찾아온 지방을 유다지파가 분배받은 베들레헴이라는 지명에 주목하게 되었다. 베들레헴은 다윗 왕의 고향이다. 베냐민의 생모 라헬이 죽은 곳이요(창35:19), 예수님의 출생지다.(마2:1.눅2:11) 따라서 베들레헴은 다윗 왕을 뿌리(계22:16)로 만왕의 왕이 태어날 곳이라고 일렀으되, "베들레헴 에브라다야, 너는 유다족속 중에 작을 지라도 이스라엘을 다스릴 자가 네게서 나올 것이라."(미5:2)고 예고된 땅이다. 이 땅에서 태어날 왕의 본질을 설명하기를 "근본은 상고에, 태초에니라"라고 그리스도가 처녀의 몸에서 출생된다고 예시된 땅이다. 따라서 베들레헴은 '떡집'이라는 뜻이 담겨있는 곳이다.

그 아내와 두 아들을 데리고 모압 지방에 가서 우거하였는데,(1:1b)

사람이 집을 지을 때는 동서남북의 풍수지리(風水地理)를 살폈다. 장지(葬地)를 고를 때도 길지(吉地)를 골랐고, 이사할 때도 길지를 택하였다. 그렇게 하였던 것은 후손 대 대로 건강과 부와 명예가 주어지 바랐기 때문이다. 그런데 왕이 태어날 영적 축복과 육적축복을 받아야 될 사람 엘리멜렉이 가족을 이끌고 그곳을 떠났다는 의미는 모든 사람들에게 경종을 주는 교훈이다. 그가 축복의 땅을 떠난 결과는 실패였다.

엘리멜렉은 아내 나오미와 아들 말론과 기룐, 네 명이 행복하게 살고 있었을 것이다. 그런데 불행하게도 흉년이 시작될 때 엘리멜렉 가족만이 아니라 모든 사람도 기근으로 고생이 시작되었다. 그러나 지중해에 인접해 있는 모압 땅에는 농사가 잘되어 식양이 풍족하다는 소식이 전해졌을 때다. 이 소식을 들은 엘리멜렉은 가족을 이끌고 모압 땅으로 이주하기로 결정하였다.

사람은 풍요로움을 찾아 이주하는 경우가 많다. 학문을 위해 유학한다. 그러다 그곳에서 물러앉기도 한다. 현재의 생활에 만족을 누리지 못하고 새로운 곳에서 새로운 삶을 살겠다고 국내 또는 외국으로 이주하기도 한다. 그렇지만 타향에서의 삶은 결코 쉽지만은 않음을 보여준다. 사람은 누구나 돈을 싫어하는 사람은 없다. 그래서 돈이라면 죄와 악이 난무하던 상관하지 않는 세태가 아닌가 한다.

그 사람의 이름은 엘리멜렉이요 그 아내의 이름은 나오미요.(1:2a)

룻기 마지막과 마태복음 1장 5절에서 보아스의 족보를 읽게 된다. 보아스는 라합의 아들이다. 이스라엘 백성들이 이집트를 떠나 가나안으로 향할 때 저주했던 족속이 모압 족속이다(민22:17). 연대수를 보면 엘리멜렉은 이러한 모압의 역사와 종교를 모르지 않았을 것이다. 그럼에도 모압으로 가려한다. 엘리멜렉은 이웃 사람들이 "낯 설고 풍토가 다른 모압에는 왜 가려하느냐? 내년엔 풍년이 들겠지, 꼭 가려거든 몇 년 살다가 돌아와서 함께 살자"고 권유했을 것이다. 엘리멜렉은 자신만만하게 "모압에 가서 자식들을 교육잘 시키고 돈도 벌어서 금의환향 하겠습니다"라고 했을 것이다. 사람들이 말하는 것처럼 엘리멜렉은 내 믿음은 흔들리지 않으므로 어느 곳에 살든지 괜

찮다고 생각했는지도 모르겠다. 혹은 몇 년 부지런히 돈을 모아서 고향으로 돌아오면 일거양득이 아닌가 생각했는지 하여튼 정든 베들레헴을 떠났다.

우리세대가 그러하지 않은가 생각된다. 죄와 악의 문화를 접하면 영혼이 타락되는데도 자기 믿음은 그런 것과는 상관없다는 사람들이 많을 것이다. 자신의 믿음이 투철하기 때문에 자신은 어떤 환경에 처하더라도 믿음만은 지킬 수 있다고 장담하는 사람들이 많을 것이다. 그래서 하나님이 싫어하는 그러한 장소에라도 가는 것이다. 그리고 그곳에서 귀신의 은신처가 되는 물건들까지 돈을 주고 구입해 와서 응접실이나 서재에 모시는 경우가 많다. 돈만 벌수 있다면, 좋은 학군에 자녀들만 입학시킬 수 있다면, 아파트 하나라도 더 구할 수만 있다면, 신앙도 믿음도 상관하지 않고 그런 것들을 바라고 좇아간다면 엘리멜렉과 다른 점이 무엇이겠는가?

그들이 모압 지방에 들어가서 거기 유하더니.(1:2b)

모압 땅으로 가서는 안 되는 이유부터 알아야 믿음에 승리할 수 있다. 모압의 역사와 그들의 신앙부터 알아야 한다. 모압 땅에는 아브라함의 조카 롯의 후손이 사는 곳이다. 의인 열 사람이 없었던 도덕적으로 부패하고 죄악이 난무하는 소돔 고모라 성이다. 그들은 찾아온 두 천사들과 남색하기를 강요하다가 소경이 되었으며 끝내 불과 유황으로 멸망을 당한 후손들이다. 아브라함의 조카 롯은 아내를 잃고 두 딸과 소알지역에 있는 산에서 살고 있을 때 큰딸이 아비에게 술로 먹이고 취한 후에 잠자리를 같이 하여 낳은 아들이 모압의 조상

이다.(창19:37)

　그들이 그모스라는 신을 숭배했는데(왕상11:7) 그들의 아들들을 제물로 바쳤던 족속이다. 롯의 딸들은 소돔에서 자라며 술과 음란의 문화에서 보고 듣고 배운 그런 짓으로 말미암아 자신을 낳아준 아비에게도 그렇게 했었다. 결국 그녀의 낳은 아들은 모압 족속의 조상이 되면서 모압은 바알을 섬기게 되었다. 바알은 마귀의 우두머리 사단이라는 뜻이다.

　당시 모압왕 발락은 발람선지를 꾀어내고 브올(바알)산에서 이스라엘 백성을 가나안으로 향하지 못하게 저주하려던 족속이요, 이스라엘 방백들로 음행하게 했던 족속이다.(민22:1~25:18) 모세는 "모압아, 네가 화를 당하였도다. 그모스의 백성아 네가 멸망하였도다."(민21:29a)라고 경고하였다.

　다음은 이스라엘 백성들이 모세를 앞세우고 가나안으로 진군할 때 모압왕 발락이 발 람선지를 꾀어내서 이스라엘을 저주하게 했던 족속이다. 엘리멜렉은 보아스와 친척이다. 보아스는 기생 라합의 아들이다. 엘리멜렉은 보아스의 친척이라면 모압의 역사를 알고 있었던 믿음의 사람이었을 것이다. 그런 그가 흉년이 들기는 했지만 믿음을 저버리고 신앙적으로 원수의 나라로 갔다는 것은 하나님을 떠나서 믿음을 져버렸다는 의미이다.

　남조 유다와 북조 이스라엘이 갈라질 때 남조는 유일하게 유다지파와 베냐민, 두 지파만 나라를 이루고 베들레헴을 도읍지로 정했다. 베들레헴은 '떡집'이란 뜻이고, 에브랏은 베냐민 지파에게 주어진 지역이다. 그래서 베들레헴과 에브랏을 같은 지역으로 인식해 왔다.

또한 베들레헴은 베냐민의 생모 라헬이 객사한 곳이다. 베들레헴은 '곡물의 땅'이라는 뜻을 가진 고장이다. 이토록 곡물과 빵이라는 하나님의 축복을 받을 땅에 기근을 핑계로 엘리멜렉은 고향을 떠난 것으로 기록되어있다.

　젖과 꿀이 흐르는 베들레헴에 기근이 들었다. 사사기를 보면 당시에 베냐민에게 속한 기브아의 무뢰배들의 악행으로 인하여 이스라엘에 경고가 있었다. 베냐민이 이 경고를 듣지 아니하고 오히려 기브아의 악행을 감싸고 형제 이스라엘을 대항해서 싸웠다(삿20:12~14). 그 후에 야베스와 길르앗 여인들을 베냐민에게 주어서 결혼하게 했다.(삿21:14) 그러나 베냐민 지파는 하나님이 제일 싫어하는 혼합에 대하여 내린 하나님의 심판이(레26:19~20) 기근의 원인이었을 것이다.

　오늘날의 신자들이 이러하다는 것이다. 교회에 출석하는 신자들 중에서 악을 행하는 사람은 책망하고 징계를 해야 한다. 그런데 교회가 교회의 체면과 성도 한 사람이 떠나는 것을 염려하고 그것을 감싸고 옹호함으로 인하여 하나님의 심판을 자초하는 것이다. 따라서 그 가정에 물질적으로 육신적으로 심판이 있음을 경고하는 내용이다. 그리고 나아가서 같은 그리스도를 구주로 믿으면서 형제 교회를 향하여 싸우고 있는데 이러한 결과는 생활에 물질적인 기근으로 이어진다는 경고다. 그러므로 어린양의 신부가 되려는 후보는 악을 옹호하거나 감싸주면 안 된다. 서로가 미워하고 싸우게 되면 하나님의 심판이 이르게 되는데 그것이 휴거에서 탈락당하는 것이다.

대환난의 굶주림이라는 심판이 있다는 경고를 깨달으라는 말씀이다. 대환난기에 당하는 굶주림은 세계정부가 금융권을 장악하고 시장을 통제하기 때문이다. 시장통제는 세계정부가 실시하는 세계주민번호로 쓰이게 될 VeriChip이 '확실한 신분(positive ID)' 증이다. 이것이 없으면 매매를 할 수 없기에 굶주림은 불가피하다는 것이다. 또한 하나님이 싫어하는 어두움과 혼합되면 그 가정이나 교회, 그리고 나라가 하나님의 징계를 받게 됨을 깨달으라는 경고다.

특히 어린양의 신부가 되려는 후보들은 예수를 구주로 믿는 형제들과 싸우면 안 된다. 다음은 어떠한 경우일지라도 불의에 가담하지 말고 옹호하면 안 된다. 그리고 어두움과 결합, 곧 마귀와 결합하는 음행은 이세벨의 교훈을 받아드리고 나아가서 우상의 제물을 먹어서도 안 된다. 그리고 적그리스도에게 굴복당하면 환난에 남겨질 것이므로 이점을 주의하라는 경고의 말씀이다.

하나님께서 경고하시기를 "마지막 때는 사람의 생활은 소돔성에 살던 무리들과 같다"고 경고하였다(눅17:28). 오늘이라는 시대와 세대가 어쩌면 그때와 닮지 않았나 생각된다. 사회는 술과 음란의 문화가 만연한 사회가 된지 오래다. 특별히 믿는 자들 중에서 어린양의 신부가 되겠다고 자처하는 신자들은 그런 문화를 단호하게 뿌리칠 의지가 있어야 한다는 경고로 받아드려야 할 것이다.

모압이 이스라엘 백성들을 하나님의 말씀을 듣고 가나안으로 행진할 때 그 길을 가로막았다. 오늘날도 시온으로 향하여 행진하는 하나님의 자녀들은 가지 못하게 훼방하고 그 길을 가로막는 무리들은 갖가지 이설로 미혹시키고 있다. 그러한 배경에는 반드시 바알세불이라는 사단이 조정한다는 사실이다. 신부가 되려는 후보들은 깨닫고 어떠한 환경일지라도 믿음만은 떠나지 말라는 경고시다.

그 두 아들의 이름은 말론과 기룐이니 유다 베들레헴 에브랏 사람들이더라.(1:2b)

'말론' 이란 이름의 뜻은 약골이란 뜻이다. 병약(病弱)이라는 이름을 가진 엘리멜렉의 큰 아들의 이름에서 보여주듯이 인간은 병에 약하다. 사람의 이름은 참으로 중요하다. 그러기에 아기가 출생하면 작명(作名)에 신경을 쓰는 이유도 그 때문이다. 하나님께서 아브람을 아브라함으로, 야곱을 이스라엘로, 사래를 사라로 이름을 바꾸어준 것도 그 때문일 것이다. 인간의 원조인 아담이 뱀의 미혹을 받은 것도 육신이 요구하는 욕구를 충족시키려 했기 때문이었다.

둘째 아들 '기룐' 이란 이름의 뜻은 낭비(浪費)한다는 뜻이다. 엘리멜렉의 둘째 아들의 이름의 뜻처럼 인간은 육신이 요구하는 것에 의해 낭비할지라도 그것은 하늘나라에 들어가지 못하게 할 뿐이다. 이러한 인간의 약함을 알고 있는 마귀는 항상 인간의 연약한 부분인 육신을 미혹해서 넘어뜨리려 하는 것이다.

연약한 인간은 어떻게 하면 부유하고 더 잘 살아보려는 욕망 때문에 엘리멜렉의 가족처럼 하나님을 떠나 죄악의 소굴로 찾아간다는 것이다. 엘리멜렉과 그의 가족들이 보여주는 삶이 현대사회를 살고 있는 모두의 삶이 아닐까 생각 된다. 아무리 많이 벌어도 낭비가 심하다. 빚을 내어서라도 여행을 가야 직성이 풀린다. 내일 당장 굶을지라도 해외로 떠나야 직성이 풀린다고 한다. 요즘 사람들이 낮에는 식당에 가서 밥 사먹고, 저녁에는 술집에 가서 술 마시고, 밤에는 노래방에 가서 노래를 부른다는 속설이 있다. 이처럼 낭비가 심한 것이 현실이다. 입으로는 예수님을 나의 주님이라고 복창하면서도 경제적으로 어려움이 생기면 엘리멜렉처럼 물질을 찾아간다. 수요예배도 빼먹고 금요예배도 빼먹고 새벽기도는 물론이요 심지어 주일예배까지 빠지면서 굴러가는 돈의 그림자를 좇아가고 있음을 엘리멜렉을 통하여 현대교회의 믿음을 반영시켜주고 있다.

나오미의 남편 엘리멜렉이 죽고 나오미와 두 아들이 남았으며.(1:3)

모압으로 이주했던 엘리멜렉의 가족들은 정신적인 충격과 경제적인 시련을 겪어야 했다. 든든했던 가족의 기둥이 쓰러진 것도 그렇지만, 청년기에 접어든 아들들과 살아갈 일이 막막했다. 남편이 살았을 때는 그런대로 견딜 수는 있었다. 두 아들은 아직 사회가 받아줄 직장마저 마땅치 않았다. 하루 벌어 하루 먹는 처지에 호화롭게 집안에서만 있을 수 없기에 나오미도 팔을 걷어붙이고 일터를 찾아나서야 했다.

이런 사회와 환경에서 살아남기 위해서 밤낮으로 뛰어야 했기에 언젠가부터 아들들과 가정예배가 없어진지 기억조차 까마득했다. 또한 고향에서처럼 여호와를 섬기지 않고 그모스를 섬기는 모압에는 안식일에 여호와 하나님을 섬기는 곳도 없었다. 무엇보다 나오미의 고통은 하나님과 점점 멀어져만 갔다. 혼자 밤마다 눈물을 흘리며 기도하고 있지만 특별한 대책이 없었다. 그러니 마음의 사람은 하나님을 찾았고 육의 사람은 환경에 적응하자고 부추기는 갈등으로 얼굴에 주름살만 늘어났다.

나오미의 가정사가 우리 믿는 가정에 주는 교훈이 아닌가한다. 많은 그리스도인들의 가정이 그러하지 않을까 생각된다. 어떤 가정들은 어린 시절부터 어머니의 손에 이끌려서 교회를 다녔고 예수를 찾았을 것이다. 어떤 사람들은 스스로 원해서이든 다른 사람의 전도에 이끌려서 교회를 찾았고 예수님을 믿었을 것이다. 그러다 환경이 궁핍해지면 먹고 살기에 급급하여 교회로 가던 발걸음의 회수가 점점 뜸해지고 끝내는 믿음을 버리기도 하였다.

이와는 반대로 삶이 안정되고 생활이 윤택해지면 일에 치이고 사람에 치이고 사업에 몰두하게 된다. 생각으로는 신앙을 떠난 것이 아니라 잠시 미루었을 뿐이라고 스스로 다짐하기도 한다. 더러는 생활이 윤택해지면 가족끼리 또는 끼리끼리 시야를 넓혀야 한다면서 여행이라는 이유로 인하여 예수가 멀어지고 교회가 멀어지고 끝내는 신앙마저 져버리지 않았던가. 스스로 원했던 아니면 동요들의 권유로 찾아갔던 교회는 가마득히 잊어진지가 오래 되었을 것이다. 이것이 나오미의 처지를 뒤돌아보며 자신의 믿음을 뒤돌아보라는 교훈이 아니던가.

어떤 사람은 믿음이 더웁지도 차지도 않으면서 나의 믿음이 살아 있다고 착각에 빠지고 있는 것이 현실이 아니던가. 그러면서 마음 한쪽 구석에서는 영의 사람과 육의 사람이 싸우는 갈등을 해소시키려고 술집을 찾아가고 노래방을 찾아갈 것이다. 그래서 성경은 "네가 어떻게 받았으며 어떻게 들었는지 생각하고 회개하라"는 요한계시록 3장 2절의 말씀이 마음에서 질책하지 않은지 생각해 보아야 한다.

그들은 모압 여자 중에서 아내를 취하였는데 하나의 이름은 오르바요 하나의 이름은 룻이더라.(1:4a)

나오미는 시간이 지나면 나아지겠지 라고 생각하다가 어언 몇 년의 세월이 흘러갔다. 아들들은 점점 모압의 생활에 동화되어갔다. 그러나 안타깝게도 희망을 안고 모압 땅에 온 가장이요 남편 엘리멜렉이 이방 나라에서 숨을 거두고 말았다. 남편을 잃은 나오미는 두 아들에게 희망을 걸고 살았을 것이다. 그렇게 10여년이 흘러서 큰 아들 말론은 룻과 혼인하고, 둘째 아들 기룐은 오르바와 혼인하였다. 두 아들과 두 자부들에게 매일 밤 하나님에 관한 이야기와 메시아에 관한 이야기를 들려주고 가정예배에도 애썼을 것이다.

나오미는 두 아들과 두 자부에게 희망을 걸었을 것이다. 비록 세상을 떠난 남편 엘리멜렉이 이처럼 평화로운 가정을 보지 못하고 떠난 것이 애석했을 것이다. 나오미는 한시바삐 손자들을 안아볼 꿈으로 시간가는 줄을 몰랐을 것이다. 두 자부가 낳아줄 손자들을 무릎위에 올려놓고 재롱부리는 꿈으로 늙어가는 자신의 모습까지 있어버렸을 것이다. 그러나 안타깝게도 나오미의 희망을 아는지 모르는지 말론과 기룐마저 죽었다. 남자들은 다 죽고 세 과부만이 남겨졌다.

이 말씀이 주는 교훈이 무엇인가를 잘 관찰해야 축복을 받을 것이다. 육신적인 안목으로 볼 때는 돈만 있으면 만사가 형통하리라 생각할 것이다. 그러나 그것은 엘리멜렉이 고향으로 돌아가지 못하고 객지에서 죽었듯이, 믿는 자들에게는 하늘나라 본향을 포기하고 돈을 좇아가라는 역설적인 교훈이다. 주님께서 "하나님과 돈을 겸하여 섬길 수 없다"라고 하였다. 따라서 어린양의 신부가 되려는 후보들은 생활이 궁핍하고 환경이 어려울지라도 돈을 좇아가면 필경에는 휴거를 포기해야 된다는 경고시다.

가장인 엘리멜렉이 세상을 떠났다. 나오미는 두 아들과 자부들이 통곡하며 슬퍼했을 것이다. 어언 모압에 온지 10년의 세월이 되자 나오미는 두 아들과 자부들에게 소망을 두고 어서 속히 손자들이나 보았으면 했을 것이다. 남편이 이루지 못한 돈도 벌어서 고향으로 돌아갈 꿈만은 버리지 않았을 것이다. 그런데 사람의 앞날은 아무도 예측할 수 없다는 것이다.

성경은 이러한 말씀을 주신다. "들으라, 너희 중에 말하기를 오늘이나 내일이나 우리 가 아무 도시에 가서 거기서 1년을 유하며 장사하여 이를 보리라 하는 자들아 내일 일을 너희가 알지 못하는 도다. 너희 생명이 무엇이뇨. 너희는 잠간 보이다가 없어지는 안개니라"(약 4:13~14)하신 말씀을 성도들은 기억해야 한다.

말론과 기룐 두 사람이 다 죽고 그 여인은 두 아들과 남편의 뒤에 남았더라.(1:5)

나오미의 기대와는 거리가 멀었던지 후손을 두기 전에 무슨 연유인지는 모르나 말론과 기룐이 세상을 떠났다. 나오미의 슬픈 가슴을 아무도 위로할 수가 없었다. 곁에서 땅을 치며 통곡하는 젊은 두 자부들의 모습을 눈뜨고는 볼 수가 없었을 것이다. 세 과부만 집안에 남은 것이다. 결국은 둘째아들 이름의 뜻처럼 아까운 세월만 낭비하고 말았다는 것이다. "하나님께서 내게 벌을 내리신 것이다." 흉년 1년을 못 참아서 우상을 숭배하는 모압 땅에 오다니 내가 이곳에서 얻은 것은 아무것도 없었다.

남편을 잃었고 두 아들을 잃고 재산도 없는 나오미는 완전히 실패한 것이다. 다 잃었다. 남편과 아들들을 잃은 집안은 곧 폐가망신이다. 대문이 부서져도 고칠 만한 남자가 없었다. 생활은 점점 어려워지자 정겹던 이웃 사람들의 눈길이 냉랭해졌다. 상복을 입고 눈물만 흘리며 마주 앉아 있는 세 과부의 모습은 애석하기만 하였다. 그들에게 남은 것은 헌옷가지 꾸러미만 남았을 뿐이다. 그리고 결론은 본향으로 돌아가는 길 뿐임을 깨달았다는 교훈이다.

우리가 지구상에 사는 동안에 물질은 반드시 있어야 한다. 그러나 그것은 생활을 위한 필요조건이지 절대조건이 되어서는 안 된다. 돈을 쫓아갔던 생활의 결국은 눈물뿐이라는 교훈이다. 그런데 어떠한가. 돈이라면 천하를 다 가진 것으로 착각하는 세태가 아니던가. 특별히 어린양의 신부가 되려는 성도는 이 문제를 뛰어넘어야 한다는 교훈이다. 성경은 "무엇을 먹을까 무엇을 마실까 무엇을 입을까 하지 말라"는 권면은 기독교인들에게만 해당된다고 할 것인가? 사람이 세상에 태어난 목적이 무엇인가? 그러기에 성경은 다시 경고하는 말씀이 있다. "사람이 만일 온 천하를 얻고도 제 목숨을 잃으면 무엇이 유익하리이요"라는 교훈은 참으로 중요하지 않은가. 인간의 목숨은 하루아침에 왔다가 가는 것이 목숨이다. 그런데도 돈이라면 사족을 못쓰는 현실이 답답하다.

2장. 본향으로 돌아가려는 마음

"내가 내 영혼에게 이르되 영혼아 여러 해 쓸 물건을 많이 쌓아 두었으니 평안히 쉬고 먹고 마시고 즐거워하자 하리라 하되, 하나님은 이르시되 어리석은 자여 오늘 밤에 네 영혼을 도로 찾으리니 그러면 네 예비한 것이 뉘 것이 되겠느냐?(눅12:19~20)

여기서부터 주제는 믿는 자들에게 하나님을 떠나고 믿음도 떠나고 돈을 쫓았던 결과가 어떻다는 것을 일깨우는 교훈이다. 하나님께서 "들으라. 너희 중에 말하기를 오늘이나 내일이나 우리가 아무 도시에 가서 거기서 1년을 유하며 장사하여 이를 보리라 하는 자들아, 내일 일을 너희가 알지 못하는도다. 너희 생명이 무엇이뇨 너희는 잠간 보이다가 없어지는 안개니라."(약4:13~14)는 말씀에 주목하라는 교훈이다. 성경은 "저희가 이제는 더 나은 본향을 사모하니 곧 하늘에 있는 것이라."라고 히브리서는 말한다. 우리가 살고 있는 세상은 잠시 있다가 안개처럼 사라지겠지만 하늘나라는 영원한 곳이다.

그가 모압 지방에 있어서 여호와께서 자기 백성을 권고하사 그들에게 양식을 주셨다 함을 들었으므로,(1:6a)

22

"양식을 주셨다 함을 듣고"라는 문맥으로 보아서 나오미는 자기 백성들과 자주 안부를 물었던 것 같다. 지금 무엇을 추수하고 있으며, 어떻게 생활하고 있는가를 물었지만 소식은 한결같이 침울한 소식이었다. 그러나 비가 올 것 같지 않은 하늘을 열심히 관찰하다가 드디어 손바닥만 한 구름 한 점을 발견하고 그것이 하늘 전체로 퍼지는 것을 알리는 엘리야처럼, 나오미는 드디어 하나님께서 그들의 백성에게 양식을 주셨다는 소식을 듣게 되었다.

하나님께서 자기 백성에게 양식을 주셨다는 말은 나오미에게서 기근을 제하였다는 의미일 것이다. 나오미에게 기근이 왔고 또 기근을 없애준 이유는 무엇인가를 보여주는 교훈이다. 성경에는 하나님을 떠나지 아니하고 잘 섬기면 복을 주고, 하나님은 향한 열심이 떨어지면 기근이 있다고 경고한다.(왕상8:37~39.대하6:28~31.암4:9)

이러한 말씀으로 보아서 나오미는 두 자부와 함께 많은 의논을 했을 것이다. 나오미는 죽은 남편보다는 하나님을 떠났던 불신앙을 뼈저리게 느끼면서 눈물의 회개가 있었을 것이다. 두 자부들은 죽은 남편의 얼굴을 그리면서 슬프게 울었을 것이다. 모압에서 아무것도 얻은 것이 없는 나오미는 베들레헴으로 돌아가려는 마음이 간절했으리라. 이러한 그들의 회개는 하나님께로 상달되었고 베들레헴으로부터 좋은 소식이 왔을 것이다.

하나님은 나오미에게 모압에서 풍요로운 축복을 주시지 않으시고 베들레헴에 양식을 주셨다는 것은 하나님 앞으로 돌아오라고 부르심이다. '에피스코페(episkope)'라는 권고는 '방문, 조사, 기능'이란 의미를 담고 있다. 하나님은 나오미가 회개와 기도할 때마다 그녀의 기도처에 방문하여 온전한 회개를 받으셨다는 의미다. 하나님이 천사들을 나오미에게 보내서 그녀의 회개를 받으시고 소원을 들어주시기로 작정하였음이 권고하셨다는 뜻이다.

믿는 자들이 하나님을 떠나고 믿음을 떠나게 되면 육신의 질병과 물질의 고난을 통하여 하나님을 찾으라는 교훈이다. 나오미처럼 본향 곧 하나님 앞으로 돌아가려고 작정하는 순간부터 하나님은 가정에 물질의 복을 주신다는 교훈이다. 따라서 어린양의 신부가 되려는 신자들에게 주시는 교훈은 이러하다. 자신이나 가족들 중에서 육신의 문제가 있다면 엘리멜렉처럼 돈을 좇아가기 때문임을 깨달으라는 것이다. 그리고 물질적으로 어려움이 있으면 역시 믿음을 떠났기 때문임을 깨달으라는 교훈이다.

이에 두 자부와 함께 일어나 모압 지방에서 돌아오려 하여,(1:6b)

이야기의 주제는 나오미는 성령의 모형으로, 두 자부는 믿는 신자의 모형으로 바꾸어서 자신을 보면 은혜가 될 것이다. 여기서 주는 교훈은 나오미에게는 "돌아가는" 길이 되고, 두 자부에게는 따라가는 길이 된다. 나오미는 자기의 고향 베들레헴 땅으로 돌아가려는 마음과, 모압 땅에 그대로 주저앉고자 하는 갈등으로 번민했을 것이다. 밤잠을 이루지 못하는 밤을 수 없이 보낸 어느 날 나오미는 과부 자부들을 불러 모으고 자기는 베들레헴으로 돌아가기로 했다고 말한다. 어머니의 말을 들은 룻과 오르바도 나오미의 말에 선뜻 동의하고 따라나섰다.

어느 가정에 두 아들이 있었다. 둘째 아들이 곰곰이 생각해 보았다. 아버지가 죽으면 아버지의 재산은 형과 자기에게 나누어 줄 것이다. 그렇다면 자기에게 상속될 몫을 미리 받아서 아버지의 간섭이 없는 곳에 가겠다고 생각하였다. 둘째 아들은 자기에게 돌아올 분깃을 상속받아서 집을 떠나 먼 나라로 갔다. 그곳에서 재산을 다 허비한때에 그곳도 흉년이 들었다. 그는 그 나라에서 돼지를 기르는 사람의 집에서 돼지를 기르는 일을 하면서 자신의 잘못을 깨닫고 고향으로 돌아갔다고 한다. 둘째 아들은 물질이 중요한 것이 아니라 자기를 보살펴주는 아버지의 집이 소중하다는 것을 깨달았다는 이야기다.

예수를 구주로 믿는 우리에게도 이러한 갈등은 얼마든지 있다는 것이다. 성령의 인도하심으로 하나님나라로 가면서도 육신의 안목으로 세상을 바라볼 때에는 세상에 쌓을 생각이 일어난다. 그러나 앞으로 다가올 환난을 생각하면 모든 것을 버리고 시온으로 갈 생각이 일어난다. 이처럼 영과 육의 사람이 갈등을 일으키기 때문에 바울 사도는 "위엣 것을 생각하고 땅엣 것을 생각지 말라"고 경고하신 것은 우리의 생명이 어린양에게 있기 때문이라 하였다(골3:2~3). 우리의 생명이 그리스도와 하나님 안에 감추어져 있다는 뜻은 우리의 생명은 그분에 의하여 좌우되기 때문이다.

있던 곳을 떠나고 두 자부도 그와 함께하여(1:7a)

나오미에게는 모압의 10년 세월은 좋은 일보다 좋지 못한 일이 더 많았을 것이다. 좋은 일이라면 룻과 오르바를 자부로 맞이한 일일 것이다. 그러나 비극은 남편과 두 아들을 잃은 것이다. 그리고 그녀가 스스로에게 '괴로움'이라 하듯이 괴로운 생활이었다. 세 과부는 눈물을 머금고 정든 세간을 정리하고 초라한 보따리를 싸들고 길을 떠났다. 남편 엘리멜렉과 온 가족이 모압에 올 때에는 희망과 기대에 찼었는데, 지금은 발자국마다 한숨과 눈물이 고이는 길이었다. 여기서 주목할 점은 처음에는 두 자부도 나오미와 함께 길을 떠났다.

나오미와 함께 길을 떠난 것은 두 자부만이 아니다. 눈으로 보이는 동행자는 사람이지만 눈으로 보이지 않은 동행자는 하나님이시다. 이스라엘 백성들이 이집트를 떠나 가나안으로 향하던 길에는 하나님이 함께 동향하셨던 것처럼 하나님은 나오미에게 권고하셨다. 권고라는 '에피스코페(episkope)'는 '방문, 조사, 기능' 이하 하였다. 하나님은 나오미가 베들레헴으로 돌아가는 길에 동행하기 위해 방문하셨다. 어느 날 부활하신 예수님께서 엠마오로 돌아가는 두 사람과 함께 동향하였던 때와 같이 동행하였다. 이처럼 하나님은 나오미와 함께 동향하였다.

어느 기독교인이 밤늦게 집으로 가는 길에서 일어난 일이다. 그 길은 익숙한 길이요 길에서 아래로 내려다보면 큰 강물이 휩쓸어가는 위험한 길을 행인은 잘 알고 있었다. 그런 그가 그만 실수로 낭떠러지에 떨어지다가 간신히 작은 나무뿌리를 움켜잡는데 성공하였고 고래고래 소리를 질렀다. "사람 살려, 누구 없소, 사람이 죽어갑니다." 사람을 찾다가 결국 하나님을 찾게 되었다고 한다. "하나님 살려주세요, 이번만 살려주시면 신앙생활 잘하겠습니다." 이때 위에서 소리가 들렸다. "네가 나를 찾았느냐?"는 소리를 들렸다. "누구십니까?"라고 물었을 때 들려오는 응답은 "나는 네가 찾는 하나님이시다"라고 하였다. 자신의 간구를 들으신 그는 "하나님 맙소사, 하나님

살려주세요."하고 눈물을 머금고 애원했다. 그때 하나님께서 "네가 예수를 믿느냐?"라는 질문을 받고 "예 믿습니다."라고 당당하게 대답했다. 다시 하나님의 질문은 "교회는 잘나가는가? 라고 물으실 때 그는 "예, 제가 이래봬도 집사입니다. 나무뿌리를 잡고 있는 팔에서 힘이 빠져나가니 일단 구해주세요?"라고 다시 간청하였다. 하나님은 그의 청을 들어주시면서 "그러면 내가 말하는 대로 순종하겠느냐?"라고 권면하였다. 그 집사님이 "예"하고 말씀대로 하겠다고 대답하였다. 하나님께서 그 집사님에게 "그렇다면 네가 잡고 있는 손을 놓으라."는 시지가 있었다. 그리고 잠시 침묵이 흐른 뒤에 이 집사님이 위를 향하여 "거기 하나님 말고 다른 사람 없습니까?"라고 하더란다. 그 대화 이후에 위에서는 아무런 소리도 들리지 않았다고 한다. 새벽 동이트기까지 이 집사님은 고통의 시간을 보내야했다. 주변이 환해지면서 자신이 무엇을 움켜잡고 매달려있는지 보게 되었다. 자신은 바닥으로부터 겨우 1미터 높이에 매달려 있었다.

어린양의 신부가 되려는 신자들은 지금 무엇을 움켜잡고 있는가? 왜 그것을 놓지 못하고 움켜잡고 있는가? 왜 하나님께 도움을 청하다가 응답이 없으면 사람을 찾고 있는가? 위만 보려하지 말고 발아래를 한번 보면 우리가 지금 사는 것이 무엇을 붙잡고 있는지 알게 된다.

우리는 시온, 혹은 새 예루살렘으로 돌아가는 길이다. 외롭고 피곤해도 혼자 가는 길이 아니다. 하나님은 당신을 찾아오는 사람이라면 그가 어떤 신분의 사람일지라도 하나님은 함께 동향하신다. 이스라엘 백성들이 광야생활을 할 때 하나님이 그들과 함께 하셨던 것은 그들이 하나님이 오라고 약속하신 가나안으로 가기 때문이었다. 어린양의 신부가 되려는 성도들이 가는 길은 혼자가 아니라는 것을 깨달아야 한다.

유다 땅으로 돌아오려고 길을 행하다가,(7b)

가도 가도 끝이 없을 듯이 먼지만 나고 더운 길을 세 사람은 각기 다른 생각에 잠긴 채 걸었다. 자부들은 그들대로 다른 생각하며 걸었다. 아직 젊으니 모압에서 재혼하면 행복하게 살 수 있었을 터인데라고 생각해 보았을 것이다. 마음의 한쪽구속에서는 다른 생각이 일어났다. 일찍이 홀로된 몸이더라도 그토록 시어머니가 들려주던 하나님과 메시아는 어떤 분이신지 만나보고 싶었다. 만물을 만드시고 인류를 만드시고 영원한 축복의 나라에 가고픈 마음이 교차되는 길을 걸었다.

나오미는 고향을 떠날 때를 생각하며 걸었다. 젊은 나이에 남편 엘리멜렉과 함께 어린 두 아들과 함께 고향에서 떠나던 그날이 주마등같이 자신의 정신적 영상을 스쳐가는 아련함을 느끼며 걸었다. 그리고 나오미는 내가 왜 아무런 생활대책도 없으면서 젊은 자부들을 데리고 고향에 가는 걸까? 여기까지 생각이 미치자 자부들에게 자기의 생각을 알렸다.

우리들도 하나님의 나라를 바라고 교회로 들어왔으면서도 때로는 회의를 느낄 때가 있을 것이다. 과연 나는 하나님의 나라로 가고 있는가? 무엇을 바라고 예수를 믿고 그분의 부름을 받았다고 생각하며 험난한 길을 가고 있는가? 많은 사람들, 동료들, 친구들은 어떤 길로 가고 있을까? 천국으로 가는 길에서 각기 이러한 생각을 할 것이다.

3장. 갈림길에 서서

나오미가 두 자부에게 이르되 각각 어미의 집으로 돌아가라.(1:8a)

나오미는 두 아들이 죽고 그토록 의지하고 사랑하는 두 자부에게 이별하자고 말한다. 떠나기 전만하여도 함께 베들레헴으로 가자고 하였던 그녀들이다. 그것도 떠나기 전이 아니라 한참 동향하다 느닷없이 돌아가라고 말하였다. 돌아가라는 말이 나오미의 진심이었을까? 두 가지로 생각할 수 있다.

첫 번째는 나오미의 말대로 자신이 새로운 남자를 얻어서 재혼하고 자식을 낳는다 할지라도 어느 세월에 장성해서 그녀들의 신랑이 될지는 장담할 수 없다. 또한 그녀들이 젊음을 참고 오래 기다린다는 것은 불가능하다고 하였다. 이것은 지극히 이성적이고 현실적이다. 그러니 돌아가서 재혼하라는 것이 타당하다.

두 번째는 룻기는 영적으로 어린양의 신부가 되려는 후보들에게 본을 보이는 내용으로 다루어야 하는 내용이다. 나오미는 성령의 모습이고 오르바는 믿음을 버리고 세상을 사랑하는 신자들의 모습이다 그리고 룻은 어린양의 신부가 되는 성도들의 모습니다. 이렇게 보았을 때 나오미가 돌아가라는 의미는 젊은 두 여인의 정신활동에 따르는 신체적인 변화를 대변하는 것이라고 보아야 한다. 따라서 나오미의 말은 친정으로 돌아가서 재혼하여 젊음을 만끽하라는 것이다. 반대로 기약할 수 없는 미래를 장담할 수 없는 신랑을 얻으려면 육신이 원하는 젊음의 욕망과 현실을 이기고 믿음으로 승리하라는 두 가지 중에서 택일하라고 말하는 것이다. 이것이 사람들의 중심에서 일어나는 갈등이 표출되는 말일 말이다.

이 내용은 믿는 신자들에게 알리는 교훈이다. 룻과 오르바와 같은 신앙인이 있다는 의미다. 처음에 예수님을 신랑으로 섬기겠다고 믿음의 생활을 시작했지만 신랑되실 예수님은 골고다에서 죽였다. 이것이 처음 예수를 믿었다가 시간이 지나면서 자신도 모르는 어느 시기에 마음속에 자리하고 있던 예수는 없어지고 이성이 마음을 사로잡고서 갈등이 일어난다. 정신활동에 따르는 육신이 요구하는 세상으로 돌아갈 것이다.

그러나 룻은 육신이 요구하는 젊음을 이기고 하나님을 만나는 길을 결정하였다. 룻은 친정으로 돌아가서 다시 결론해도 재혼이다. 그리고 자신의 재혼을 받아줄 땅은 어디에도 없을 것이다. 그렇다면 믿음의 어머니가 되어야 할 것이라는 생각으로 바꾸었다. 그녀가 그러한 생각을 하게 된 동기는 시어머니가 밤마다 알려주던 이스라엘 여인들의 소망에서 답을 얻었을 것이다. 그것이 룻기 1장 16절에서 증명한다.

"룻이 가로되 나로 어머니를 떠나며 어머니를 다르지 말고 돌아가라 강권하지 마소서"라고 하였다. 이 말은 '왜 어머니는 나로 하늘나라에 가지 말라 하느냐!' 라는 충고로 받아드려야 할 대목이다. 오늘날 자녀들을 교회에 나가지 말라고 말하는 그런 부모님들에게 주는 충고로 받아들여야 할 것이다. 룻은 계속하여, "어머니가 가시는 곳에 나도 가고, 어머니가 유숙하는 곳에 나도 유숙하겠나이다."라는 말에서 그녀는 하나님을 찾아가는 길에는 그 어떤 곳일지라도 포기하지 않겠다는 강한 의지를 보여준다. 다시 룻을 맹세를 들어보자? 계속하여 "어머니의 백성이 나의 백성이 되고, 어머니의 하나님이 나의 하나님이 되시리니,"라는 충격적인 이 맹세는 어머니 나오미에게 하는 맹세가 아니다. 룻은 하나님을 향한 맹세였다. 이 맹세는 그녀가 바라던 대로 후일에 예수님의 조상이 되었고 믿는 백성들의 어머니가 되었다.

우리가 예수를 구주로 영접하고 하나님나라로 가는 도중에도 이러한 생활을 한다는 것이다. 믿지 않았던 시절로 돌아가고픈 마음이 있는가하면, 불신앙 속에서도 잘 사는 사람들이 많은데 꼭 이렇게 힘든 길을 가야하는가? 그런 정신적인 생각들을 한다는 것이다. 이스라엘 백성들이 이집트에서 나아와 가나안으로 향진할 때 "우리가 애굽에 있을 때에는 값없이 생선과 외와 수박과 부추와 파와 마늘을 먹은 것이 생각나거늘"(민11:5)라고 했던 것처럼 말이다. 옛날에 마귀와 함께 살던 시절로 돌아가고픈 마음이 일어날 것이다. 지금도 그러한 신자들이 많음은 물론이고 앞으로도 뒤로 돌아가려는 갈등에서 예수냐? 사단이냐? 둘 중 하나를 택일하라는 교훈이다.

너희가 죽은 자와 나를 선대한 것 같이(8b)

선대(善待)라는 말씀에 비추어보아 룻과 오르바는 남편이 살아있었을 때 부부간의 관계가 좋았다는 것을 알 수 있다. 남편들뿐만 아니라 시어머니와의 관계도 훌륭했다고 한다. 그러기에 그녀들은 시어머니를 따라 길을 나섰고 베들레헴이라는 어머니의 고향 땅으로 함께 동향하고 있다. 먼 길을 떠날 때 동행할 반려자가 있다는 것은 위안이 되고 힘이 된다. 인생의 길에서 나와 함께 동향하는 대상이 누구인가를 생각해 보았는가? 동반자가 그 길을 잘 알고 있을 때 마음이 든든하다. 반대로 자신만을 의지하게 되면 그 여정은 힘들고 피곤하여서 지칠 것이다.

나오미는 두 자부들에게 죽은 남편들의 배필로서 짧으나마 인생여정의 훌륭한 반려자가 되었던 것은 하나님이 계셨기 때문이다. 또한 너희가 나의 과부생활에 동반자로서 충돌 없이 화목하게 살았던 것도 고마웠다. 내가 남편을 잃고 두 아들을 잃었을 때는 너희들은 자신의 처지보다 나를 위로해주었다. 그때나 지금이나 너희들이 동향해주지 않았다면 나는 바다위에 표류하는 배와 같았을 것이다. 그러나 이제는 늙었고 고향으로 돌아가는 이 시점에서 너희들의 장래를 외면할 수만은 없다. 나 하나에 너희들의 장래를 묶어둘 수 없기에 헤어지려고 하는 것이다.

이별이란 현실은 슬픈 일이다. 그러나 믿는 사람들에게 헤어짐은 큰 기쁨과 소망을 주는 이별이 있다. 헤어짐은 곧 만남의 약속이기도 하다. 사람에게는 두 가지 헤어짐이 있다. 영원히 만나지 못하는 이별이 있고, 다시 만나기 위해 잠시 헤어짐이 있다. 그러나 둘 다 슬픔은 같다. 어느 날 예수님께서 십자가를 지고 골고다로 갈 때 많은 여인들이 슬피 울며 뒤를 따러갔다. 또한 예수님이 작별할 때도 제자들이 슬퍼하였다. 그 때 예수님께서 다시 오겠다는 만남을 약속하였다.

그런데 문제는 현실에서 누가 함께 동향하느냐? 동행자가 하나님이라면 그같이 기쁠 수 없을 것이다. 그러나 하나님이 아니라면 심각한 문제가 된다. 하나님은 모든 것을 잘 알고 있다는 위대한 진리를 받아드릴 때, 우리가 원하는 것과 우리의 성향까지도 모두 알고 계신다. 또한 하나님의 자비는 우리 자신이 거의 알지 못하는 때에도 매 순간마다 함께 하신다. 그렇다면 나와 동향하는 그는 나를 선하게 대하는 존재는 누구일까? 아니면 악하게 대하는 존재일까? 생각해야 한다.

여호와께서 너희를 선대하기를 원하며(8c)

나오미는 자부들에게 '너희가 죽은 남편에게 선하게 대했듯이 하나님도 너희를 선하게 대하리라'고 한다. 이 말씀에서 나오미가 자부들을 얼마나 사랑하는지를 알 수 있다. 보통 시어머니를 어머님이라 부르고 자신을 낳아준 생모를 어머니라 부른다. 고부간의 관계가 아니라 모녀간의 관계로 대하였음을 보인다.

어머니의 사랑은 용광로 속에 끓어 넘치는 사랑과 같다고 한다. 어머니는 위대한 교사요, 자녀에게 이르는 영향은 장래의 운명을 좌우된다. 룻과 오리바가 나오미를 선하게 대한 것은 나오미의 가르침에 있었다. 나오미의 가르침이란 이스라엘의 하나님에 관한 교육이었다. 이스라엘 여인들은 자신이 몸에서 메시야가 태어나기를 갈망하는 역사가 있다. 다말이 그랬고, 라합이 그랬다. 또한 레이와 라헬,

두 자매가 경쟁하듯 했던 것도 자신의 몸에서 메시야가 태어나기를 원했기 때문이었다. 이처럼 중요한 하나님의 섭리를 가르쳤기에 하나님은 나오미와 두 자부에게 선대하시리라는 것이다. 하나님은 선을 행하는 자에게 선으로 갚으시는 분이시다.

믿는 자들에게 주는 교훈은 무엇인가? 자신인 낳은 자녀들에게 어떤 교육으로 양육시켰는지 깨달아야 한다. 또한 딸과 며느리에게 어떤 가르침을 주었으며 어떤 모습을 보였는가? 아들딸에게는 좋은 학교, 1등이 되라고, 좋은 직장에 들어가서 남부럽지 않은 사람이 되라고 가르치지 않았을까? 딸에게는 어떤 가르침을 주었는가? 아들이 결혼한 며느리에게는 어떤 모습을 보였는가? 자신이 좋은 신앙으로 또는 훌륭한 믿음의 어머니로 보였다면 부모자식 간에 불화가 생길 수 없을 것이다. 그리고 고부간에 불화가 생기지 않을 것이다. 이 말씀이 우리에게 주는 교훈이 무엇인가를 깨달아야 할 것이다.

여호와께서 너희로 각각 남편의 집으로 평안함을 얻게 하시기를 원하노라 하고, (1:9a)

나오미가 두 자부에게 친정으로 돌아가서 재혼하라고 말한다. 이 것이 나오미의 진심일까? 나오미의 말대로 하나님께서 그녀들에게 새로운 신랑감을 찾아주실까? 그녀들에게 재혼과 아울러 평안함을 주시기를 바라는 나오미의 기도가 아닌 작별인사였다. 헤어짐이란 누구에게나 있게 마련이다. 그리고 또 만남도 그러하다. 그러나 그 헤어짐과 만남이 일시적이냐 영원함이냐는 다르다.

성도들이 만나는 남편은 누구이며 평안하게 거처할 집은 어디인가? 그분은 그리스도 예수이시고 거처는 시온이 되어야 한다. 어린 양의 신부가 들어가서 평안함을 얻을 남편의 집은 어디인가? 그렇다면 우리가 빌어주어야 하고, 기도해 주어야 할 대상은 누구인가? 성도들의 이러한 염원(念願)과 기도는 반드시 하나님은 이뤄주실 것이다.

그들에게 입 맞추매 그들이 소리를 높여 울며,(9:b)

자부들은 어머니의 말씀을 듣고 어머니의 목을 안고 대성통곡을 하였다. 젊은 나이에 시집와서 남편을 잃은 슬픔도 가시기전에 그나마 정들었던 시어머니로부터 헤어지자는 소리는 좋든 싫든 본인들의 의사가 아니었기 때문에 충격일 수밖에 없었을 것이다. 그렇다면 과연 나오미의 말대로 여호와 하나님께서 그들로 돌아가라 하셨는가? 나오미도 사람인지라 영적인면보다는 인간적인 생각이 앞섰던 것이다.

우리가 하나님의 나라로 가는 삶에서도 이러한 심리적인 갈등이 있다는 교훈이다. 육신적으로 평안함을 찾는다면 어린양의 신부가 되려는 길을 포기하고 보통사람들이 가는 길로 되돌아가려는 마음이다. 아니면 예수를 믿는 것 자체를 포기하고 마귀와 함께 살던 마귀의 집으로 돌아가려는 마음이다. 이처럼 예수를 믿는다하면서도 그러한 생각이 일어나고, 성령으로 인도함을 받는다고 하면서도 그런 생각이 일어난다는 것이다.

나오미에게 이르되 아닙니다. 우리는 어머니와 함께 어머니의 백성에게로 돌아가겠나이다."(1:10)

자부들은 그 말을 듣자 '아닙니다. 우리는 어머니를 따라가기로 결심했어요. 걱정하지 마세요, 어서 길이나 갑시다.' 라고 길을 재촉하였다. 자부들이 함께 가겠다는 말을 들은 나오미의 마음은 허공으로 날려버리고 싶었을 것이다. 젊은 자부들이 함께 간다면 외로움을 털어버리고 미래를 함께 설계할 수 있어서 좋을지는 모른다. 그러나 나오미 스스로 겪어본 홀로의 삶은 젊은 자부들에게까지 물려주고 싶지 않았을 것이다.

여기서 믿는 자들에게 주는 교훈은 환경이 어렵더라도 하나님을 떠나면 괴로움만 생기고, 믿음을 떠나면 허전함만 있을 뿐이라는 교훈이다. 특별히 신부가 되려는 후보들은 어떠한 역경이 있을지라도 대환난의 환경을 생각하고 하나님을 떠나거나 믿음을 떠나지 말라는 교훈이다. 혹이라도 떠났으면 주님의 품으로 돌아오라는 교훈이다. 많은 사람들이 처음에 예수를 믿겠다고 나서기는 쉽다. 뿐만 아니라 어린양의 신부가 되겠다고 따라나서는 숫자는 많았다. 그런데 문제는 누가 끝까지 가느냐 하는 것이다.

4장. 왜 나를 하늘나라에 못 가게 합니까?

나오미가 가로되 내 딸들아 돌아가라 너희가 어찌 나와 함께 가려느냐?(1:11:a)

나오미는 자신의 괴로운 심정을 술회하였다. 만일 베들레헴에 다른 아들이 있거나 또 어느 가까운 친척에게 젊은 남자가 있다면 과부된 두 며느리를 재혼시키고 죽은 자의 아들이 자라는 것을 바라고 기다릴 수 있을 것이다. 저당 잡힌 재산을 다시 찾을 수 있다면 그녀들은 베들레헴에서 편안히 정착할 수 있으리라는 희망으로 위로를 받을 수 있었을는지도 모른다.

그러나 나오미에게는 그런 아들이나 친척 되는 젊은 남자가 없었으므로 며느리들에게 그녀들이 남편을 얻기에는 너무 늙어서 며느리의 남편 될 자식을 가질 수가 없다는 말로 설득시켰다. 가령 그녀가 아들을 낳는다 하더라도 그 아이들이 자라서 결혼할 연령이 될 때까지 두 며느리를 그대로 기다리게는 할 수 없었다. 그 일만은 아니었다. 나오미가 궁핍함을 슬프게 생각하는 것은 그녀의 마음대로 그들을 위해서 해줄 수 있는 능력이 없겠기 때문이다.

이 세상의 부모들이 겪게 되는 수많은 고통과 괴로움들 중에서 자신의 잘못 때문에 자녀들에게까지 고통을 함께 당하게 될 때의 괴로움이 가장 심한 괴로운 일이라 한다. 누구나 자신에게 닥쳐오는 가난, 비난, 그리고 죽음까지는 견딜 수는 있다고 한다. 그러나 자기의 자녀들에게 그런 고통들이 임하게 되면 몹시 견디기가 힘들게 되는 것이다. 그러나 하나님은 우리들을 대하시는 것과 똑같은 방법으로 우리 자녀들에게도 대하신다. 하나님은 좋은 것과 나쁜 것을 우리들에게 적절히 주시는 것처럼 우리의 자녀들에게도 기쁨과 슬픔을 알맞은 때에 알맞게 주신다.

나의 태중에 너희의 남편 될 아들들이 오히려 있느냐?(11b)

하나님은 아브라함에게 "사라가 왜 웃으며 이르기를 내가 늙었거늘 어떻게 아들을 낳으리요 하느냐. 하나님은 능치 못한 일이 있겠느냐"(창18:13)라고 하였다. 그렇다면 하나님은 나오미에게 그러한 은총을 베풀 수 없겠는가? 하나님은 능치 못함이 없으시다. 그러나 다음 문장을 보면 하나님께서 나오미에게 아들을 주시지 않는 이유를 알 수 있다. 하나님의 섭리는 나오미에게 있는 것이 아니라 룻에게 있었다. 나오미는 하나님께서 축복하신 베들레헴을 떠났었다. 그래서 나오미 스스로 자신을 "마라(괴로움이라는 뜻)"로 부르라 하였다.

믿음이란 하나님을 떠나는 것이 아니다. 비록 나오미가 기근이란 피치 못할 환경이었을지라도 하나님이 축복하신 장소를 떠난 행위는 하나님을 떠난 것이다. 하나님의 예지는 나오미가 하나님의 은총을 떠나 불신앙의 땅으로 이주할 것을 알고 계셨다. 그러기에 나오미에게 주어지는 은총은 믿음으로 따르는 룻에게로 돌아가도록 하신 것이다.

내 딸들아 돌이켜 너희 길로 가라. 나는 늙었으니 남편을 두지 못할지라.(1:12a)

나오미는 두 자부에게 극구 작별을 강요하였다. 그녀들이 싫어서 헤어지자고 하는 것이 아니다. 나오미 자신이 남편 없이 홀로 살아서 경험했다. 자신은 중년에 남편이 떠났지만 자부들은 아직 아이도 낳아보지 못한 젊음을 생각하기 때문이다. 이것이 이별을 강요하는 이유이고, 또 다른 이유는 나오미가 늙어서 남편을 둘 수 없다는 것이다. 늙어서 남편을 둘 수 없다는 것은 자신보다 두 자부들의 젊음을 위함이다.

이 말씀은 육적문제와 영적문제로 접근하는 것이 좋을 것이다. 육적문제는 육신의 욕구를 충족시켜야 하는 성문제다. 영적문제는 육신이 중요한 것이 아니라 영을 담고 있는 속사람이다. 바울 사도는 "육체의 소욕은 성령을 거스리고 성령의 소욕은 육체를 거스리나니 이 둘이 서로 싸운다 하였다. 이 문제는 룻과 오르바에게만 해당되는 것은 아니다.

모든 인간은 이 문제를 해결하지 않고서는 하늘나라에 들어갈 수 없다는 것이 인간이다.

가령 내가 소망이 있다고 말한다든지 오늘밤에 남편을 두어서 아들들을 생산한다하자.(12b)

나오미는 두 자부에게 고향으로 돌아갈 것을 계속 권유하였다. 이유는 나오미 자신이 이미 겪어보아서 그 남편 없는 외로움과 허전함을 잘 알기 때문이다. 당시에는 친인척간의 결혼이 가능했던 그런 때였다. 야곱의 아들 유다의 자부 다말이 자식을 얻기 전에 남편 엘이 죽음으로 인하여 시동생인 오난에게 재혼하였던 것처럼 말이다. 유다는 셋째 셀라마저 죽는 것이 겁나서 다말에게 수절을 강요하였던 사건에서 볼 수 있다. 그러나 나오미는 자식을 얻을 수 있는 나이도 지났고 또한 남편도 없다는 것이 외로움과 허전함을 더해 주었다.

나오미에게 이러한 고통이 닥치게 된 이유는 어디에 있는 것일까? 그들은 모압 땅으로 이주해서는 안 되는 혈족이었다. 사랑하는 남편과 두 아들까지 잃게 된 것은 믿음을 져버리고 돈을 쫓아갔던 결과였다는 교훈이다. 여기서 우리에게 주는 교훈은 많은 사람들이 나오미처럼 나는 어떤 환경에서도 믿음을 지킬 수 있다고 착각하는 경우를 경고하고 있다.

나오미가 모압이라는 땅에서도 돈을 벌면서 자신의 믿음을 지킬 수 있다고 생각했지만 그렇지 못하고 오히려 고통만을 안고 믿음을 회복시키기 위해 고향으로 돌아간다는 교훈이다. 사람들은 직장(돈) 때문에 주일을 범하는 경우를 주변에서 많음을 볼 수 있다. 명예 때문에 주일을 범하는 경우도 있다. 돈을 만질 수 있는 직장이라는 환경, 자기 명예를 높여주는 환경, 등이 믿음을 빼앗는 환경이다.

너희가 어찌 그것을 인하여 그들의 자라기를 기다리겠느냐? 어찌 그것을 인하여남편두기를 멈추겠느냐.(13:a)

그것을 인하여 그들의 성장하기를 기다리겠느냐. 나오미가 가령 아들을 낳는다고 할지라도 그들이 성장하는 동안을 어떻게 성을 참을 수 있느냐는 것이다. 그리고 또 그것을 인하여 남편두기를 멈추겠느냐? 라고 말한다. 이 말은 나오미가 아들을 낳을지라도 그들이 성장하는 동안에 "남편두기를 어찌 멈추겠느냐"는 내용은 무엇을 의미하는 것일까? 다시 말하면 성문제를 해결할 수 있겠느냐는 뜻이다.

지극히 인간적이고 이성적인 설명이다. 성욕을 참을 수 있느냐는 것이다. 10절에서 "우리를 어머니의 백성에게로 돌아가겠다"고 다짐했다. 그러나 나오미의 설득은 완고했다. 나오미가 그렇게 설득하는 것은 모압은 성적으로 타락한 족속이기 때문이다. 모압의 원조인 롯의 딸들이 성을 이기지 못하고 아버지와 관계를 가졌다. 룻과 오르바는 모압 땅에서 성적으로 타락함을 보면서 성장했기 때문에 육신의 욕망을 충족시키는 일이 일상화가 된 것을 잘 아는 나오미가 그것을 지적한 것이다.

"내가 결혼하지 아니한 자들과 및 과부들에게 이르노니 나와 같이 그냥 지내는 것이 좋으니라. 만일 절제할 수 없거든 혼인하라. 정욕이 불같이 타는 것보다 혼인하는 것이 나으니라."(고전7:8~9)

이 말씀과 대조하여 보면 나오미가 자부들에게 재혼을 강요하는 이유를 짐작하게 된다. 그것은 나오미 자신이 경험했던 문제이기 때문이다. 따라서 이 문제는 하나님의 사람이 되려면 성문제를 초월해야 된다는 것이다. 특별히 어린양의 신부가 되려는 후보라면 더더욱 그러해야 한다. 신부들에게 보여주는 말씀이 있다. 정절을 지킨다는 것은 쉬운 일이 아니다. 특별히 마지막 때는 소돔과 고모라와 같을 것이라고 예수님께서 직접 경고하셨다. 이것은 룻과 오르바에게만 해당되는 문제가 아니다. 어린양의 신부가 되겠다고 따라나선 후보들은 자신의 정절을 지키라는 교훈이다.

> 내 딸들아 그렇지 아니하니라. 여호와의 손이 나를 치셨으므로 나는 너희로 인하여 더욱 마음이 아프도다."(1:13b)

나오미는 고통 중에서 그 자신을 채찍하고 있었다. 하나님의 책망은 주로 그녀에게 내려진 것이다. "여호와의 손이 나를 치셨도다." 나는 죄인이므로 여호와께서 나를 벌하셨도다. 나는 이 징벌을 감수하리로다. 우리도 고통 중에 있을 때에는 마찬가지이다. 비록 다른 사람이 그 고통을 나누어 가지더라도 우리는 징벌의 소리를 듣고 그것이 다른 사람에게 내려지는 것이 아니라는 것을 알아야 한다. 바로 나 자신에게 내려진 책망이라는 것을 깨달아야 한다. 늦게나마 나오미는 하나님께서 자신에게 내리신 벌의 원인을 깨달았다. 그 깨달음은 하나님께서 내리신 계명을 범했기 때문임을 말한다. 나오미의 남편과 두 아들이 죽게 된 원인은 불신앙으로 인하여 여호와 하나님께서 내리신 형벌이라 하였다. 믿음을 떠나 모압으로 간 것은 불신앙의 결과 때문이었다. 그리고 생활이 궁핍했던 것은 불순종에 따르는 후속이었다.

제1계명에서 4계명까지를 범하는 것은 영적문제다. 이는 하나님과의 수직관계다. 다음 제5계명에서 10계명까지 범하는 것은 육적문제이다. 이는 인간과 인간과의 대인 관계다. 이 두 가지에서 불신앙의 결과에는 형벌이 따르고, 불순종의 결과에는 형통치 못하기 때문이다. 그렇다면 왜 우리들 주변에 이러한 고통들이 잠재하고 있는지를 알아야 한다. 신앙생활에서 하나님께서 자신을 지으신 목적에서 벗어날 때는 그것은 불신앙이다. 따라서 그러한 가정에는 항상 고통이라는 하나님의 징계는 떠나지 않는다는 교훈이다. 그리고 매사에 형통치 못하는 것도 하나님의 계명에 순응하지 않는 고통이라는 사실을 나오미를 통하여 깨달으라는 교훈이다.

그들이 소리를 높여 다시 울더니 오르바는 그 시모에게 입 맞추되 룻은 그를 붙좇았더라.(1:14)

작은 며느리 오르바는 모압신의 성향에 쉽게 굴복되고 말았다. 그녀는 자기의 고향, 친족, 그리고 친정으로 돌아갔다. 오르바는 시어머니 나오미의 애절한 말에 몹시 감동되었다. 그리고 "소리를 높여 다시 울었다." 두 자부가 받은 감동은 서로가 달랐다. 오르바가 받은 영향은 죽음에서 죽음에 이르게 하는 향기였다. 그러나 룻이 받은 영향은 죽음에서 영생에 이르는 향기였다.

그들이 베들레헴으로 가게 되면 불편한 생활을 할 것이라는 나오미의 말을 자세히 음미한 것은 오르바를 모압으로 돌아가게 한 계기가 되었다. 그것이 그녀의 변질을 변명할 구실을 준 것이었다. 오르바는 시어머니에게 입맞춤으로 작별인사를 하였다. 이후로 오르바는 나오미를 따라가지 않았다. 오르바가 자기 고향을 떠날 만큼 하나님을 사랑하지는 않았다. 오르바는 나오미가 믿는 여호와 하나님보다 모압의 바알신을 더 사랑하였기 때문에 떠난 것이다.

나오미가 두 며느리를 함께 데리고 감으로써 그들을 모압의 우상 숭배에서 구하고 이스라엘 하나님을 믿고 섬기게 할 수 있었을 텐데, 함께 가고자 하는 며느리를 말린 것은 과연 잘한 것인가? 많은 사람들이 예수 그리스도를 중히 여기고 그를 따르다가 예수로 인해 구원받는데 까지는 이르지 못한다는 말이다. 왜냐하면 그러한 사람들은 모든 것을 버릴 만큼 진심으로 그리스도를 사랑하지 않기 때문이다. 사람들은 예수 그리스도를 사랑하지만 그를 떠나는 것은 그보다 다른 것을 더욱 사랑하기 때문이다. 그리고 재물이 많은 젊은 청년은 근심하며 그리스도를 떠난 것처럼 말이다.(마19:22)

5장. 어머니의 백성이 나의 백성이라

"좁은 문으로 들어가라. 멸망으로 인도하는 문은 크고 그 길이 넓어 그리로 들어가는 자가 많고, 생명으로 인도하는 문은 좁고 길이 협착하여 찾는 이가 적음이니라"(마7:13~14)

룻기를 대하면 1장 15절에서 18절까지에서 15절은 은총의 길과 저주의 길이 있음을 읽게 된다. 은총과 저주는 본인이 선택하는 길이라고 주님께서 말씀하셨다. 16절과 17절에서는 룻의 신앙과 오르바의 신앙에서 룻이 처한 신앙적인 시련을 현대교회 신자들에게 거울로 보여준다. 그것은 그리스도인의 신앙자세가 될 것이다. 나아가서 룻을 통하여 참된 성도들의 결단력을 보여주는 내용에서 믿음의 말에는 권세가 따른다는 교훈이다. 18절에서는 믿는 자들에게 요구되는 것은 철저한 신앙고백이다.

나오미가 또 가로되 보라 네 동서는 그 백성과 그 신에게로 돌아가나니, (1:15a)

오르바는 우상을 숭배하는 모압에서 성장하였지만 기근을 피하여 베들레헴에서 이주해온 이스라엘인 남자와 결혼했다. 이 결혼은 이방인인 오르바로서는 큰 행운이었으므로 그녀는 이러한 기회를 이용하여 자기영혼이 구원받게 되는 축복을 누릴 수도 있었다. 그러나 애석하게도 오르바는 이런 좋은 기회를 마다하고 우상을 숭배하는 자기 민족에게로 돌아갔다는 내용은 참으로 안타까운 일이다.

우리는 할 수 있는 대로 신실한 사람들과의 교제를 넓혀서 하나님과 천국에 대한 소망을 가슴속에 항상 지니고 살아야 한다는 교훈이다. 여기서 우리는 오르바의 성격을 살펴보고 왜 그녀는 천국으로 가는 길을 마다하고 저주의 땅 모압으로 돌아가게 되었는지 생각해 보라는 교훈이다.

오르바는 훌륭한 재능(才能)을 갖추고 태어났기 때문에 많은 사람들로부터 귀여움 을 받으면서 성장하였을 것이다. 그러나 하나님을 향한 믿음과 사랑이 없었기 때문에 구원을 받을 수 없게 된 것이다. 오르바는 예의가 바르고 태도가 방정(方正)하였으며, 시어머니인 나오미를 극진히 모셨다. 또한 오르바의 성격 중에서 특별히 기억해야 할 점은 시어머니 나오미를 따라 베들레헴 땅에 가려고 했다는 그녀의 마음 자세였다.

그러한 오르바가 어떤 이유 때문에 축복의 문 앞에서 발길을 돌려 저주의 땅으로 다시 돌아가고 말았을까? 오르바는 나오미와 룻과 함께 처음 베들레헴으로 향하여 출발할 때는 각오가 대단하였다. 그러다 시간이 흐름에 따라 결심은 풀어지고 인내심도 부족하여 중도에서 포기하고 자기 민족에게로 돌아가게 된 것이다. 물론 나오미의 권유도 작용했을 것이다. 나오미는 두 며느리를 모두 베들레헴으로 데려가기를 원했지만 이 젊은 여자들이 과부로 늙는 것을 원하지 않았기 때문에 자기 민족에게로 돌아가라고 권유하였던 것이다.

많은 사람들이 오르바와 같은 신앙을 보이고 있다는 사실이다. 처음에는 예수를 믿다가 어떤 환경에 부딪치면 오르바처럼 믿기 이전의 신(神)에게로 돌아가는 경우가 많다는 교훈이다. 또한 부모의 영향을 받는 경우도 많다. 자식에게 믿음을 심어주면서 하늘나라로 인도하지는 못할망정 나오미처럼 불신앙의 세계로 돌아가라고 잘못 권유하는 부모들에게 주는 교훈임을 깨달으라는 것이다.

마지막 때에 주의 강림을 사모하는 성도가 경계해야 할 두 가지가 있다. 첫 번째로 경계해야 할 것이 불신앙으로 돌아가려는 마음을 이겨야 한다. 두 번째로 경계해야 할 것이 육신이 요구하는 욕정을 이겨야 한다. 이 두 가지를 해결하지 못하면 하늘나라에 들어가지 못하고 오르바처럼 되고 만다. 특별히 어린양의 신부가 되려는 후보라면 더더욱 이 문제를 초월하지 않으면 안 된다는 경고다.

너도 동서를 따라 돌아가라. 룻이 가로되 나로 어머니를 떠나며 어머니를 따르지 말고 돌아가라 강권하지 마옵소서.(1:15b~16a)

이제 오르바는 떠나가고 룻만 남았다. 나오미는 룻을 보고 "오르바처럼 너도 가거라. 나를 따라 와봤자 무슨 좋은 일이 있겠느냐? 너의 행복을 찾아가라"고 말하는 것으로 보아서 룻은 동서 오르바가 떠난 후에도 상당한 거리까지 시모와 함께 길을 간 것으로 추측된다. 시모와 자부는 말없이 길만 걸었을 것이다. 두 사람의 마음은 서로 상반되는 생각을 하고 있었다. 시모 나오미는 젊은 룻을 어떻게 해서라도 돌려보려는 생각이었고, 룻은 어찌 하든지 시모 나오미와 함께 가겠다는 생각이다. 그래서 나오미는 룻에게 "네 동서를 따라 돌아가라"고 하였다. 그런데 여기서 돌아가라는 단어 앞에 오르바는 "그 신에게로 돌아갔다"라고 하였다. 그러니 룻 너도 너의 신, 곧 모압신을 믿으러 돌아가라는 뜻이다.

그런데도 룻은 "나로 어머니를 떠나며 어머니를 따르지 말고 돌아가라 강권하지 마옵소서."라고 강한 의지를 나타낸다. 그처럼 단호하게 자신의 결심을 말할 수 있었던 룻은 나오미를 따라 베들레헴 땅으로 갈 결심을 굳혔기 때문이다. 룻은 가진 것이라고는 자기 육신뿐이었으며 자기를 돋보이게 할 어떤 장식품도 지니고 있지 않았다. 룻은 나오미와 함께 자기의 일생을 보내게 해 달라고 애원하였다. 룻은 조금도 주저하지 않고 베들레헴 땅으로 가기로 결심했다. 룻은 나오미에게 생각할 시간적 여유를 달라고 요청하지도 않았다. 선하신 하나님을 확실히 알게 된 룻으로서는 자기 앞에 주어진 축복을 마귀에게 빼앗기는 것은 생각조차 하기 싫었을 것이다. 룻의 이러한 의지를 짤막하게 줄여서 말하면 '왜 어머니는 나를 하나님 나라로 가지 못하게 합니까?' 라로 강조할 수 있다. 우리도 룻처럼 영광의 땅, 시온에 들어가려면 룻의 충심을 잘 살펴보고 룻으로부터 교훈을 얻으라는 말씀이다.

어머니께서 가시는 곳에 나도 가고 어머니께서 유숙하시는 곳에서 나도 유숙하겠나이다.(1:16b)

룻은 질서정연한 말로서 확고부동한 신앙고백을 하였다. 룻은 자기 거처를 그리스도인의 집에 마련하려 하였다. "어머니께서 유숙하

48

시는 곳에서 나도 유숙하겠나이다."라고 룻은 나오미에게 애원하였
다. 룻은 나오미가 머무는 곳이 헛간이건 호화스런 큰집이건 개의치
아니하고 나오미, 곧 그리스도인이 머무는 곳이라면 어디든지 따라
가서 유숙하려고 하였다.

"어머니께서 가시는 곳에 나도 가고"라는 룻의 고백은 진정으로 예
수를 주구로 영접한 성도로서 어린양의 신부가 되겠다고 자처하는
후보라면 예수님이 어디로 가시든지 따라 갈수 있어야 한다. "어머
니께서 유숙하시는 곳에서 나도 유숙하겠나이다." 이 말씀은 사도 요
한은 신부후보들에게 이렇게 교훈하였다. "이 사람들은 여자로 더불
어 더럽히지 아니하고 정절이 있는 자라. 어린양이 어디로 인도하든
지 따라가는 자며, 사람 가운데서 구속을 받아 처음 익은 열매로 하
나님과 어린양에게 속한자니."(계14:4)라고 신부들의 거처는 이 세
상이 아니라 예수 그리스도라고 교훈하였다.

어머니의 백성이 나의 백성이 되고(16c)

룻의 이 맹세는 충격적이다. 소름이 돋는 믿음이다. 나오미는 어떤
신앙의 사람인가? 그는 하나님이 택한 백성이다. 하나님이 축복한
유다지파에 허락된 베들레헴 사람이다. 앞에서 살펴보았듯이 당시
이스라엘 여인들은 자신이 남자로 태어나지 못한 불운의 조건을 바
꾸어서 여자의 역할로 복되게 하려는 집념이 강했다. 야곱의 아내 라
헬이 언니 레아와 다투어가며 야곱을 자기 방으로 이끌어드리려 했
던 것도 자신의 몸에서 메시아가 출생되기를 바랐기 때문이었다. 합
환채라는 두다임(duda-im)은 남녀가 한 이불 속에서 기쁨을 즐기

려는 물건이다.(창30:14)

다말이 시아버지 유다와 부적절한 관계로(창38:18) 자식을 원했던 것도 자신의 몸에서 메시아가 출생되기를 바랐기 때문이었다. 소돔 성에 살았던 롯의 두 딸이 아버지와 동침했던 것도 그러했지만 메시아를 출생시키지 못하고 모압을 낳았다.(창19:37) 이러한 역사를 배웠지만 오르바는 돌아갔다. 그러나 룻은 돌아가지 아니하고 나오미와 함께 베들레헴으로 가려고 고집하는 것이다. 이것이 룻이 말하는 "어머니의 백성이 나의 백성이 되고"라고 말한 것이다. 모든 믿는 자의 어머니가 되겠다는 욕망을 감추지 않는 맹세였다.

어머니의 하나님이 나의 하나님이 되시리니, (16d)

롯은 계속 시어머니께 간청하였다. "어머니의 백성이 나의 백성이 되고, 어머니의 하나님이 나의 하나님이 되시리니."라고 하였다. 이처럼 룻이 확실한 믿음으로 간청했을 때 18절에 보면 나오미는 "룻이 자기와 함께 가기를 결심함을 보고 그에게 말하기를 그치니라"고 했다. 나오미는 더 이상 돌아가라고 권유하지 않았다. 권유하는 것을 포기하고 룻의 간청을 받아드렸다.

어린양의 신부가 되려는 후보라면 룻의 간청을 배어야 한다. 그 간청은 "나더러 신부 자리를 포기하고 돌아가라 마옵소서" "주님의 백성이 나의 백성이 되고, 주님의 하나님이 나의 하나님이 되시리니 나더러 신부자리를 버리고 돌아가라 마옵소서." 이러한 믿음의 간청은 주님께서도 어찌하지 못할 것이다. 어린양의 신부가 되려는 후보라면 룻과 같은 확고한 믿음의 간청으로 주님의 품안에 안겨야 한다.

예수님이 부활하신 새벽의 일이다. 베드로도 요한도 집으로 돌아다. 그러나 막달라 마리아는 무덤 앞을 떠나지 아니하고 눈물로 예수님을 찾았다. 그러던 때에 한 남자를 만나고 간청하였다. 내 주님을 내어놓으라고 간청하였다. 그녀의 간청을 들으신 예수님도 어찌하지 못하고 자신의 정체를 드러내고 말았다.

어머니께서 죽으시는 곳에서 나도 죽어 거기 장사될 것이라.(1:17a)

"어머니께서 죽으시는 곳에서 나도 죽어 거기 장사될 것이라" 바울 사도는 "우리가 살아도 주를 위하여 살고, 죽어도 주를 위하여 죽나니 그러므로 사나 죽으나 우리가 주의 것이로다."라고 하였다(롬 14:8). 참 그리스도인으로서 어린양의 신부가 되려면 룻이 고독하고 슬픈 늙은 과부인 나오미를 진심으로 사랑했듯이, 우리 주님을 그 이상으로 사랑해야 한다. 자기의 젊음, 재혼의 기회를 버리고 자신을 희생시키려는 정신으로 어머니의 손을 이끌고 앞서가는 룻의 믿음을 본받으라고 하신다.

룻은 자신의 무덤까지도 그리스도인들이 묻히는 곳을 묻기로 결심하였다. 그리스도인은 이 세상을 떠날 때도 그리스도인들 사이에서 죽는 것이 합당하리라 본다. 우리는 어떤 환경에서 주님을 만나기를 원하는가? 경박한 사람, 술주정꾼들에 둘러싸여 임종을 맞기를 원하지는 않을 것이다. 우리는 마지막 순간만큼은 신실한 성도들에 둘러싸여서 주님을 만나야 한다. 룻이 우리를 일깨워주는 내용은 가정, 국가, 죽음, 하나님이 우리 신앙생활의 관건을 이루는 시금석이라고 표현할 수 있고, 나아가서는 이정표이기도 하다.

만일 내가 죽는 일 외에 어머니와 떠나면 여호와께서 내게 벌을 내리시고 더 내리시기를 원하나이다.(1:17b)

"죽는 일 외엔 어머니를 떠나지 않겠습니다. 제가 어머니와 함께하며 도와드리겠습니다." "내가 어머니 곁을 떠난다면 하나님께서 내게 벌을 내리셔도 좋습니다."라고 결론을 내렸다. 룻은 모압 땅의 모든 가족과 친구들을 뒤로 하고 영원히 떠났다. 이처럼 뼈아픈 이별은 우리 그리스도인들이 수없이 겪어야 할 아픔인 것이다. 그녀가 결심을 굳히게 된 동기를 알고 보면 룻의 따스한 심정에 기인한 것이었기 때문이다. 룻이 주는 교훈은 절대로 신앙을 헛되이 버려서는 안 된다는 것이다. 진정으로 어린양의 신부가 되려는 후보라면 말로만 주님과 동향하지 말고 룻처럼 죽음까지 마다하지 않고 주님과 동행해야 그날에 영광을 만끽하게 될 것이다.

나오미가 룻의 자기와 함께 가기를 굳게 결심함을 보고 그에게 말하기를 그치니라.(1:18)

룻의 신앙고백을 들었던 나오미는 더 이상 그녀의 뜻을 꺾어서는 안 되겠다는 결론에 도달하였다. 주춤주춤하다 보면 사단의 화살에 맞아 쓰러지게 되겠기 때문에 분명한 결단이 필요하다. 룻이 나오미에게 자기의 결심을 분명히 밝히자 시어머니도 만류하기를 포기하고 같이 베들레헴 땅까지 함께 가기로 승낙하였다.

우리가 주님께 이처럼 분명한 결단으로 주님을 따르며 동행하겠다고 간청한다면 주님도 우리의 결심을 거부하시지는 않으실 것이다. 어느 날 이스라엘백성들이 죄를 지으므로 인하여 여호와 하나님께서 동행치 않겠다고 하신일이 있었으나, 모세가 자기 이름까지 생명책에서 지워 달라고 하였다. 그때 하나님께서 모세의 뜻을 받아드렸듯이 우리가 어린양의 신부가 되겠다는 강한 의지로 주님을 따르며 동행한다면 주님께서도 우리의 허물들을 사하시고 시온에까지 함께 동행해주시고 그날 마지막 나팔 소리와 더불어 우리의 이름을 불러주실 것이다.

6장. 진정한 회개와 하나님의 섭리

"내가 일어나 아버지께 가서 이르기를 아버지여 내가 하늘과 아버지께 죄를 얻었사오니 지금부터는 아버지의 아들이라 일컬음을 감당치 못하겠나이다."(눅15:18~19)

19절에서 22절까지에서 19절은 모범적인 믿음의 자세에서 진정한 회개($\mu\varepsilon\grave{\alpha}\nu o\iota\alpha$)가 어떤 것인지는 룻을 통하여 보이는 것을 교훈으로 삼아야 한다는 것이다. 믿음의 자리를 떠나서는 형통할 수 없고 그것을 깨닫고 믿음의 자리로 돌아오기까지는 고통과 시련이 따른다. 집 나간 탕자가 돌아왔을 때 아버지가 용서하고 받아주었듯이 누구든지 회개하고 하나님 앞으로 돌아오면 용서하시는 하나님의 자비를 보이신다. 20절에서는 고난을 극복하였을 때 하나님의 신비를 체험하고 영광의 기쁨을 누릴 수 있다는 것을 보여주는 내용이다.

이에 그 두 사람이 행하여 베들레헴까지 이르니라. (1:19a)

나오미는 기꺼이 룻의 간청을 받아들이고 유다 땅 베들레헴으로 동행하기로 하였다. 나오미는 신앙인의 땅 유다를 버리고 남편과 자식과 함께 불신앙의 땅 모압으로 갔으나 남편도 잃고 자식도 잃어버리고 난감한 처지에 빠져버렸다. 그러나 하나님의 섭리로 나오미 혼자 돌아오게 하지 않으시고 충실한 며느리 룻을 동반하고 베들레헴으로 돌아오게 하셨다.

다른 한 사람 룻은 나오미와 동행할 것을 맹세하였으며 목적지 베들레헴에 도착할 때까지 자기 뜻을 조금도 굽히지 않았다. 룻은 자신의 결심을 실현시킨 것은 베들레헴이라는 목적지에서 나오미가 섬기는 하나님을 섬기려는 결심을 실현시키기 위한 결심이었다. 여기에서 결심과 가시적인 결과의 차이점을 발견할 수 있었다. 진정한 맹세는 꼭 그 열매를 맺지만, 임기응변적의 결심은 아무런 결과도 가져오지 못한다.

나오미는 베들레헴을 떠나 모압으로 간 이후 사회적으로나 영적으로 방황하는 생활을 하지 않으면 안 되었다. 그러나 나오미는 절망하지 않고 계속 하나님을 사랑하고 경외하였기에 다시 신앙의 베들레헴으로 돌아올 수 있었다. 하나님의 품으로부터 아무리 멀리 떠났다 할지라도 회개하고 돌아오면 하나님은 당신의 백성을 기꺼이 받아주신다는 교훈이다.

이 교훈은 탕자의 비유에서 찾아볼 수 있다. 둘째 아들은 자기에게 주어진 재산을 모두 가지고 불신앙의 땅으로 떠났다. 그곳에서 모든 것을 탕진하고 끝내는 거지꼴이 되어서 신앙의 땅, 곧 아버지 품으로 돌아왔다. 나오미의 과거가 그와 같았다. 여기서 믿는 신자들에게 주시는 교훈은 하나님께서 정해주신 삶의 터전을 떠나면 이와 같은 결과를 가져온다는 경고다. 설령 그것이 피할 수 없는 환경이었을지라도, 자기에게 주어진 환경을 피하여 불신의 땅, 지역으로 옮겨가면 필경에는 나오미와 같이, 탕자와 같은 결과뿐이라는 교훈이다.

그러나 그러한 이방에 있더라도 계속 하나님을 경외하며 하나님을 사랑하는 사람에게는 하나님은 반드시 그를 믿음의 땅, 믿음의 동료가 있는 곳으로 데려오신다는 교훈이다. 그러한 예표는 아브라함과 야곱에게서 찾아볼 수 있다. 아브라함이 기근이라는 환경을 견디지 못하고 이집트까지 갔으나 오히려 아내 사라를 바로에게 빼앗기는 아픔을 겪었다. 그러나 아브라함은 하나님을 떠나지 아니하고 계속 하나님을 경외하고 사랑하였기 때문에 하나님은 사라를 아브라함의 품으로 돌아오게 하였고, 마지막에는 가나안 땅에까지 돌아와서 편안하게 믿음의 생활을 계속할 수 있게 하였다.

야곱도 그랬다. 하나님께서 야곱의 꿈속에 나타나서 "너를 이끌어 이 땅으로 돌아오게 할지니라.(창28:15)" 하신 말씀에 비춰어보면 하나님께서 택하신 사람이 하나님이 정하신 곳을 떠나면 안 된다는 것을 보여준다. 그런데 우리들의 주변에서 예수를 믿다가도 환경이라는 자기합리화를 내세우며 떠나는 경우, 또는 결합해서는 안 될 불신앙의 사람과 결합해서 불운을 당하는 경우가 많다. 이러한 모든 불운은 하나님께서 정하신 위치를 벗어났기 때문에 가져오는 자업자득이라는 것이다.

베들레헴에 이를 때에 온 성읍이 그들을 인하여 떠들며 이르기를 이가 나오미냐 하는지라.(1:19b)

나오미가 베들레헴으로 돌아왔다는 의미는 회개를 의미하는 것이다. 회개는 눈물로 자신의 잘못을 토설하는 것만이 아니라는 사실을 교훈한다. 회개라는 '메타노이아'는 잘못된 행동에서 돌이켜 원래대로 돌려놓는 것이 회개다. 나오미는 가지 말았어야 할 모압 땅에 갔던 잘못을 깨닫고 원래의 위치인 베들레헴으로 돌아왔다. 이것이 진정한 회개다.

집나갔던 탕자도 자신의 잘못을 깨닫고 아버지의 집으로 돌아왔을 때 그것이 진정한 회개다. 인간은 너무나 연약하고 불완전한 존재임을 나오미는 뼈저리게 깨닫게 되었다. 또한 룻은 그리스도인이 걸어야 할 길이 아름답고 장밋빛 길이 아니라 고통의 가시밭길이라는 것을 깨닫게 하였다. 이리하여 나오미는 하나님으로부터 믿음의 자리를 떠나 불신앙의 땅으로 갔던 잘못에 대하여 용서를 받고 하나님의 깊은 사랑을 체험하게 되는 '돌아온 탕자'로서 자기가 받은 위로를 이웃에게도 널리 전하게 되었다.

나오미가 그들에게 이르되 나를 나오미라 칭하지 말고 마라(괴로움)라 칭하라. 이는 전능자가 나를 심히 괴롭게 하셨음이니라.(1:20b)

여기서 회개하고 하나님께로 돌아오는 사람들은 철저히 자기 자신을 버리고 빈손으로 나아와야 된다는 것을 교훈한다. 이런 의미에서 나오미는 옛 이름까지 버렸음을 상기해야 된다. "나오미가 그들에게 이르되 나를 나오미라 칭하지 말고 '마라'라 칭하라. 이는 전능자가 나를 심히 괴롭게 하셨음이니라"하였다. 룻과 나오미가 베들레헴에 도착하자 온 성읍 사람들이 나아와 반갑게 맞이하며 "이가 나오미"냐 하였다. 이에 대하여 나오미는 "그렇소. 내가 나오미요. 하나님의 백성들과 함께 살았던 바로 그 나오미요. 그런데 하나님의 말씀을 팽개치고 모압 땅으로 갔으니 나는 얼마나 어리석은 여인인가? 그러니 지금부터 나를 나오미라 부르지 말라”고 한다.

나오미의 이야기를 다시 들어보아야 한다. “내가 집을 떠나 모압 땅으로 갈 때 내 재산을 모두 꾸려갔으나, 이제 내 고향으로 돌아오니 손에 쌀 한 톨도 없는 거지신세가 되어버렸소”라고 하였다. 이 말은 정말 정곡(正鵠)을 찌르는 실토가 아니고 무엇이겠는가? 우상 숭배의 땅 모압에서 방황하며 지냈지만 얻은 것이 무엇인가? 비참한 추억 외에 무엇이 남았는가? 하나님을 저버리고 경거망동하게 쫓아다니다 보니 남은 것은 후회와 슬픔뿐이었다. 그러므로 타락했던 사람들이 다시 하나님께로 나아올 때는 반드시 세상에서 묻은 때를 다 씻어버리고 텅 빈 마음으로 하나님 앞에 나아와야 한다는 교훈이다. 이것이 진정한 회개다.

내가 풍족하게 나갔더니 여호와께서 나로 비어 돌아오게 하셨느니라.(1:21a)

나오미가 자기 며느리 룻을 데리고 베들레헴 성에 들어갈 때, 자기를 따라온 이방여인인 며느리가 앞으로 이스라엘에서 얼마나 귀중한 존재가 될 것을 알지 못하였을 것이다. 룻이 누릴 영광이 과연 어떤 것인지 꿈에도 생각하지 못했을 것이다. 바로 그 영광의 자리를 성취시키게 했던 것이 “여호와께서 나로 비어 돌아오게 하셨다”(22절)는 말속에 뜻이 함축되어 있다. 나오미 자신의 입장에서는 옳은 말이다. 그러나 나오미는 여호와 하나님께서 자신이 데리고 온 룻이 인류가 그토록 애타게 기다리던 구세주의 조상이 되리라는 점은 모르고 있었던 것이다.

나오미가 자기 고향으로 돌아오면서 주님 앞으로 귀중한 영혼 하나를 데리고 온다는 것이 얼마나 영광된 일이었는가를 생각해 보아야 한다. 자기 자식과 함께 천국 길을 가는 부모를 한번 상상해 보아야 한다. 19절에서는 이렇게 기록하고 있다. "이에 그 두 사람이 행하여 베들레헴까지 이르니라." 이것을 우리 입장으로 바꾸어서 '우리 부모들이 자기가 낳은 자식들과 함께 새 예루살렘까지 이른다.'면 얼마나 큰 축복이겠는가?

하나님의 사랑과 축복을 받으며 정답게 걸어가는 부자(父子)나 모녀(母女)보다 더 아름다운 모습은 없을 것이다. 그것도 세상길이 아니라 천국으로 향하는 길이어야 한다. 인생의 가시밭길로 걸어갈 때 내 곁에 믿음의 동행자가 있으면 큰 도움이 된다는 사실이다. 우리가 서로 합심하여 기도하고 격려하면서 같은 방향으로 믿음의 길을 걸어가면 큰 유익이 될 것이다. 나오미는 며느리에게 알려주었던 신앙의 교훈이 많았을 것이고, 룻은 새로운 보금자리에 대한 궁금한 점을 물어보면서 베들레헴까지 동행했을 것이다.

우리 믿는 자들에게 좋은 본보기 교훈이다. 나 혼자만 어린양의 신부가 되려하기보다는 신부라는 위치를 모르는 믿음의 동료들에게 알려주어서 함께 시온까지 갈 수는 없을까? 그것은 모두가 다 원할 것이다. 그런데 그러한 이야기를 하면 종말론 자, 또는 이단자라는 비난이 두려워서 외롭게 혼자 걸어간다면 얼마나 힘들겠는가. 다른 사람들에게는 못 하더라도 내 가족만이라도 함께 시온을 향하여 걸어가는 복된 믿음의 소유자가 되라는 교훈으로 받아드려야 한다.

여호와께서 나를 징벌하셨고 전능자가 나를 괴롭게 하셨거늘 너희가 어찌 나를 나오미

나오미는 자신의 옳지 못한 판단으로 축복의 자리를 떠나 저주의 땅으로 갔었지만, 하나님은 그에게 시련이라는 고통을 주어서라도 그 축복을 찾아주기를 원했던 것이다. 그래서 남편이 죽었고, 두 아들도 죽었던 것이다. 그런데 나오미는 하나님의 뜻을 깨닫지 못하고 원망과 불평을 늘어놓았다. "여호와께서 나를 징벌하셨고,"라고 하였다. 그렇지 않다. 하나님은 그녀에게 징벌이 아니라 축복을 주신 것이다. "전능자가 나를 괴롭게 하셨거늘"이라고 하였다. 그렇지 않았다. 괴롭게 한 것은 자신이 만든 길이 발단이었다. 그렇지만 전능자는 그녀에게 영광스러운 그리스도의 조상이 될 며느리를 주셨다. 그런데도 나오미는 "어찌하여 나를 나오미라 칭하느뇨"라고 하면서 화를 버럭 냈다.

인간이 하나님의 뜻을 파악하려고 덤벼서는 안 된다. 우리는 하나님의 섭리를 알 수 있는 능력도 자격도 없다. 그러므로 우리는 경솔하게 옳고 그름의 판단해서는 안 된다.

우리가 하나님의 오묘한 섭리를 깨닫는 것은 충분한 기간이 지나간 후에야 비로소 가능하기 때문이다. 옷감의 진가를 정확하게 평가하려면 그 천이 다 짜이고 무늬가 완전히 드러나야 알게 되듯이 하나님의 섭리도 그러하다. 그런데도 사람들은 함부로 남을 판단하고 정죄하는 경우가 많다. 그렇게 하는 사람들은 성질이 급하고 참을성이 없기 때문이다. 진정으로 예수를 구주로 믿고 아버지 하나님나라로 가기를 원하는 사람이라면 하나님의 섭리에 대하여 성급하게 판단하거나 원망, 또는 불평해서는 안 된다는 교훈이다.

나오미가 모압 지방에서 그 자부 모압 여인 룻과 함께 돌아왔는데, 그들이 보리 추수 시작할 때에 베들레헴에 이르렀더라.(1:22:a)

룻이 베들레헴에 도착했을 때는 평범한 때가 아니었다. 그 때는 보리 수확기가 시작되는 기쁨이 넘치는 때였다. 팔레스타인에서는 첫 가을비가 내린 후, 10월경에 보리 씨앗을 뿌렸다가 다음해 봄 4월에 수확을 한다고 한다. 수확은 이스라엘인들에게는 항상 즐거움과 만족을 뜻하는 계절이다.

"추수하는 즐거움과 탈취 물을 나누는 때의 즐거움같이 그들이 주의 앞에서 즐거워하오니"(사9:3)

죄 지은 자가 두 손 들고 돌아올 때 그리스도 안에서 한 형제, 믿는 자들이 즐거워하듯이 수확기는 부족함이 없고 풍성함이 시작되는 시기다. 이때부터는 모든 부족함이나 빈곤이 사라지게 된다. 먹을 빵이 남아넘치며 주님의 창고에는 곡식이 가득히 채우는 시기다. 이때는 죄인까지도 먹을 걱정은 하지 않아도 되는 시기다.

룻이 베들레헴에 도착한 때가 마침 이러한 수확기였으니 이보다 더 좋은 때가 없을 것이다. 이스라엘의 방방곡곡마다 희망과 활기로 가득 할 때 베들레헴에도 그러했다. 룻은 자기가 새로운 거처가 아름답게 장식되어 있는 것을 보고 크게 기뻐하였다. 비로소 룻은 참 인생을 살게 되는 것이다. 예수 안에는 진리가 있고 행복이 넘치며 불만 같은 것은 있을 수 없다.

보리 수확기는 유월절이기도 하다. 이 젊은 이방여자 룻은 첫 열매로 거두게 되었으며 유월절 축제에 참가할 수 있는 영광도 누리게 되었다. 여호와를 아버지로 모시고 예수 그리스도를 따라 살겠다고 맹세한 어린양의 신부 후보들이 어느 날 주님께서 마련해 놓으신 만찬에 초대받을 수 있게 된다면, 그의 마음도 기쁨으로 가득 차게 될 혼례식이 있게 될 것이라는 교훈이다.

7장. 그리스도께 속한 밭으로만 가라

  룻기 2장 1~4절까지는 룻의 어려운 문제를 해결해 주는 보아스를 통하여 우리의 죄와 허물을 해결해 주시는 예수님을 보여주신다. "기업을 무를 자"란 뜻은 자기 친척이 어려운 문제를 당하거나 극도로 가난하여졌을 때 대신해서 그 문제를 해결해 줄 책임을 지는 사람이란 말한다. '기업 무를 자'를 히브리어로는 '고엘' 이라 하며, 히브리인들은 친척끼리 이러한 고엘의 의무를 상호간에 갖고 있었다.

  마찬가지로 우리의 구주되시는 예수님께서도 죄악의 저주에서 허덕이고 있는 우리의 영혼을 자신의 몸값으로 사시고 영생을 주신 분이다. 따라서 예수님이야말로 우리 인간의 가장 가까운 유력한 친척, 곧 기업을 무를 분이시다. 예수님은 인류의 구속자 되시며 죄악의 고통에서 신음하는 우리를 구해주시는 유력한 기업을 무를 자이심을 보아스를 통하여 알려주는 내용으로 정리하면 좋겠다.

나오미의 남편 엘리멜렉의 친족 중 유력한 자가 있으니 이름은 보아스($Boεs$)더라. (2:1)

  가나안 땅은 옛날 하나님께서 아브라함과 그 후손들에게 주신 선물이었다. 따라서 가나안 땅은 아브라함의 후손들이 영원토록 차지

63

해야 했으나 그들은 하나님의 선물인 가나안을 오랫동안 빼앗기고 방황하는 신세로 전락하고 말았다. 그러나 하나님 입장에서는 그 땅은 하나님의 것이므로 어떤 형식으로든 이방민족에게 당신의 소유권을 물려줄 수 없다는 것을 보이신다. 그 땅은 임마누엘이신 하나님의 것이다. 임마누엘은 이스라엘 민족과 같은 혈족의 유력한 친척이며 그들에게 잃어버린 땅을 찾아주려고 이 땅에 오셨던 성자 하나님이시다.

하나님은 나오미가 룻과 함께 모압 땅에서 베들레헴에 돌아왔을 때 기업 무를 자인 나오미의 친척 보아스를 통하여 그들의 거처를 마련해 놓았다. 보아스는 재산과 토지를 많이 소유한 유력자이므로 나오미와 룻의 부족한 점을 가득하게 채워주고 예전같이 행복하게 살 수 있도록 하나님께서 마련해놓은 사람이다. 보아스와 같은 마음이 후하고 유력한 기업 무를 자, 예수님이 우리에게 있다는 것이 얼마나 든든한 일임을 깨닫는 사람이 복이 있다.

우리가 예수님께 속한 자라면 하늘나라에 빈손으로 들어갈지라도 결국 하나님의 땅은 우리의 몫이 되는 것은 이미 예수님께서 우리의 기업 무를 자이시기 때문이다. 예수님은 당신의 백성에게 온갖 축복을 베푸시며, 영화롭고 풍요롭게 하시길 원하신다. 예수님의 백성들이 그분을 다정하게 모시면서 인생을 살아간다면 부족함이 없는 풍요로운 삶을 누릴 수 있다. 그것은 보아스라는 이름이 설명한다. 히브리어 '보아스($Boes$)는 힘 있는 자' 라는 뜻이기 때문이다. 따라서 보아스라는 이름자체도 예수님은 우리를 구원하기 위하여 하나님이 이 땅에 보내신 '힘(엘로임)' 이다. 예수님은 우리를 위하여 인간으로서는 상상도 할 수 없는 엄청난 역사를 성취하신 분이시다.

예수님은 인간의 허물과 죄를 사하시기 위하여 당신의 살을 찢기시고 피를 흘리셨으며 죽기까지 하신 분이시다. 예수님은 가장 비참하고 멸시받는 신분으로 태어나셨으며, 우리와 같은 인성을 가지시고 우리가 지은 모든 죄를 짊어지신 분이시다. 예수님은 만유의 주로서 우리가 미처 깨닫지도 못한 것에까지 자상하게 은총을 베푸신다. 우리가 그분께 온전하게 순종하고 나아가면 무한하신 능력으로 우리의 부족함을 채워주시는 것을 보아스가 룻에게 행하는 은혜를 거울로 보이신다.

모압 여인 룻이 나오미에게 이르되 나로 밭에 가게 하소서. 뉘게 은혜를 입으면 그를 따라서 이삭을 줍겠나이다.(2:2a)

"나로 밭에 가게 하소서"라는 말에 귀를 기울여야 한다. 성경에서 밭은 삶의 터전이라 하였다. 본문을 읽어보면, 룻이 나오미에게 함께 밭에 나가자고 조르지 아니하고 자기만 밭에 나가는 것을 허락해 달라 하였다. 모름지기 룻은 연로한 나오미의 여생을 편안하게 보내야 한다고 생각한 것 같다. 한편 자기는 아직 젊고 건강하니 나는 사람들과 밭에서 이삭을 줍겠노라고 하였다. 천하고 고된 노동을 한다하여도 문제될 것이 없다고 생각을 했을 것이다. 룻은 모압 여인으로 이방인이었지만 심성이 갸륵하고 효성이 지극한 여인이었음에는 틀림없었을 것이다.

이러한 룻을 통하여 오늘날의 젊은이들은 어떠한가를 생각해 보아야 한다. 지극한 효성으로 나이 많으신 부모님을 모시는 젊은이들이 얼마나 있겠는가? 한 마디의 불평불만도 없이 연로하신 부모님을 모실 수 있는 젊은이들이 얼마나 있겠는가? 오늘날의 이러한 세태를 염려하셔서 하나님은 우리에게 룻을 통하여 교훈을 주시는 것이 아닌가. 그러므로 효성이 지극한 룻을 본받아 우리도 신심을 다하여 부모님을 편안하게 모셔야 된다는 교훈이다.

마음이 너그럽고 복종하는 그리스도인이라면 인생을 아름답게 살 수 있다. 기력이 쇠약해진 늙은 부모님을 섬기면서 즐겁게 일하는 그리스도인이 되어야 한다. 유행이나 쫓아다니면서 순간의 쾌감을 누리기 위해 피땀 흘려 모은 부모님의 재산을 탕진하여 없애버리는 자식보다 훨씬 보람되고 행복한 삶을 누릴 수 있다는 교훈이다. 그런 면에서 룻에게 베푸시는 하나님의 섭리를 깨닫는 자가 복이 있다는 교훈이다.

나오미가 그에게 이르되 내 딸아 갈지어다 하매...(2:2b)

하나님께서는 룻을 극도로 궁핍하게 만드셨다. 룻은 나오미와 함께 베들레헴까지 오긴 하였다. 그들을 기다리고 있는 것은 극심한 빈곤뿐이었으며 앞으로 살아갈 길이 막막하였다. 그러나 이런 궁핍한 생활을 통하여 룻을 훌륭한 성품이 세상에 드러나게 되었다. 룻은 밭으로 가서 먹을 양식을 구하기 위해 일을 해야 했다. 보리 베는 사람들이 떨어뜨려진 이삭을 줍는 일이었다. 나오미는 룻에게 가도록 허락하였다.

이처럼 천하고 고달픈 일은 사람들이 선뜻 나서지 아니하는 하천민이나 하는 일이다. 문자 그대로 호구지책이었던 것이다. 이 말씀에서 깨달음을 주는 교훈이 있다. 자기는 땀을 흘리며 일하기 싫어하고, 남에게 손을 벌리는 거지같은 근성을 가진 자들이 깨달으라는 교훈이다. 타인으로부터 얻은 것으로 모든 것을 다 누리면서 손가락 하나 움직일 생각은 안 하고 구걸하는 사람들이다. 그런 자들은 신자들이 아니라 지도자들 중에서 선교라는 미명으로 구걸하는 거지근성을 가진 지도자들은 룻으로부터 교훈을 받아야 한다. 인간은 극심한 곤경에 처하게 되면 자기는 조금도 쓸모가 없으며 죽어 마땅한 존재라고 생각하며 완전히 하나님 앞에 엎드려진다. 그러나 이 단계를 무사히 지나게 되면 하나님께서 풍성하게 준비하신 은총과 축복을 누릴 수 있다.

마지막 때를 살고 있는 그리스도인이라고 궁핍함이 없다고 장담할 수는 없을 것이다. 믿음이 좋으면 좋을수록 곤경은 가중된다는 점이다. 성경에 나타난 모든 성인들이 그러했다. 예레미야는 평생을 감옥에서 생을 마쳤다. 그것은 하나님의 말씀에 따라 하나님을 뜻을 이루려 하였기 때문이다. 또한 이사야는 하나님의 부르심이란 사명으로 인하여 평생을 극심한 곤궁에 처한 사람이다. 신약에서도 성인들은 다 그러했었다. 바울은 장막을 짓는 일을 하면서 주의 일을 하였다.

룻이 가서 베는 자를 따라 밭에서 이삭을 줍는데 과연 엘리멜렉의 친족 보아스에게 속한 밭에 이르렀더라.(2:3)

그 다음은, 궁핍의 고통 중에서 신음하며 지낼 때 인간의 반발심이 뿌리가 뽑히는 작업이 이루어진다. 룻은 이 세상에서 누구 못지않게 자존심과 긍지를 갖고 있는 여자다. 그러나 룻은 자기의 비참한 처지에 대하여 어떠한 불평도 하지 않았다. "나로 밭에 가게 하소서. 내가 뉘게 은혜를 입으면 그를 따라서 이삭을 줍겠나이다." 이 말은 룻이 자신이 처해있는 상황을 겸허하게 인정하고 있다. 우리는 룻의 이러한 마음을 본받아야 할 것이다. 룻은 자기 자신만을 생각하는 이기적인 여인이 아니었고 권리만 주장하는 편협한 여인이 아이었다. 이렇게 자신의 분수를 알고 겸허한 사람을 하나님께서 '유력한 친 척'에게 데려다 주신다는 교훈이다.

마침 보아스가 베들레헴에서부터 와서 베는 자들에게 이르되 여호와께서 너희와 함께 하시기를 원하노라.(2:4a)

오묘한 하나님의 섭리를 체험하게 하신다. 룻에게는 부자 친척인 보아스에게 소개되는 것을 전혀 예상할 수 없었던 하나님의 섭리였던 것이다. 룻은 보아스를 본적도, 이름을 들어본 적도 없었다. 룻에게 보아스는 금시초문의 인물이다. 또한 자기가 일하려 나간 밭이 보아스의 소유라는 사실도 전혀 몰랐다. 뿐만 아니라 앞으로 보아스와 어떤 관계를 맺게 될 것이라고도 상상치 못했을 것이다. 그러나 룻이 믿는 룻의 하나님은 당신의 사랑하는 딸을 어둠에 두시지 않으시고 오래전부터 빛을 비춰주고 있다는 사실을 룻은 전혀 생각지도 못했던 일이다.

하나님께서 우리를 위하여 예비하신 축복이 얼마나 풍성하고 신비로운 것인지 알 수 있는 사람은 한 사람도 없다. 룻이 어떻게 해서 수많은 밭들 중에서 하필이면 보아스의 밭으로 갈 수 있었겠는가? 이것이 만유를 주관하시는 하나님께서 이미 작정하시고 룻이 보아스의 밭으로 가도록 섭리하셨기 때문이다. "룻이 가서 베는 자를 따라 밭에서 이삭을 줍는데 우연히 엘리멜렉의 친족 보아스에게 속한 밭에 이르렀더라."(3절) 이것은 하나님께서 룻에게 베푸신 특별한 섭리다.

그들이 대답하되 여호와께서 당신에게 복 주시기를 원하나이다.(4b)

보아스는 베는 자들에게 "여호와께서 너희와 함께 하시기를 원하노라"라고 축복을 빌었던 것은 비록 베는 자들에게만 해당되는 말이 아니다. 보아스는 분명히 "너희와"라고 하였으므로 베는 사람들에게 함께한 룻에게도 복을 빌어준 것이다. 그런데 베는 사람들의 대답 또한 "당신에게 복 주시기를 원하나이다."라고 말한 기원(祈願)은 보아스 자신도 훗날 그리스도의 조상이 될 룻을 아내로 맞이할 기원(祈願)이 되었다. 그들의 기원대로 "여호와께서 룻과 함께 계셨고", "여호와께서 룻에게 복 주시기"를 기원했던 대로 룻에게 이뤄지게 되었다. 모든 고생이 끝나고 마음의 여유를 갖게 되었을 때 룻은 지난 날을 회상해보고 "내가 왜 그토록 궁핍하게 되어 보아스의 밭으로 찾아가게 되었는지 이제야 알겠구나!"라고 말할 것이다.

바울 사도는 이렇게 말한다. "우리 주 예수 그리스도의 아버지께서 그리스도 안에서 하늘에 속한 모든 신령한 복으로 우리에게 복주시되,"(엡1:3)라고 하였다. 하나님의 구원을 간절히 구하는 죄인은 하나님께서 사랑이 많으신 분이심을 깨닫게 하신다. 이렇게 예수를 구세구로 삼는 갈급한 심령은 성령의 불세례를 받고 영광을 얻게 된다. 예수님은 성도들을 구원하고 의롭게 하며 모든 축복들을 풍성히 주시기 위하여 이 땅에 오신 것이다. 모든 성도의 마음은 예수님으로 인하여 새롭게 변화되게 된다. 예수님은 은혜가 충만한 말씀을 통하여 성도들을 축복하기도 하신다. 3절 말씀에서 우리에게 세 가지의 교훈을 얻을 수 있다.

1. 고난은 인격을 빛나게 만드는 시금석이다. 이것은 다른 말로 표현하면, 변함없이 진실한 믿음이 아름다운 결말로 인도된다는 뜻이다. 현재의 극심한 역경과 흑암과 같은 절망은 결국에는 즐거움으로 변화된다. 인간 중심의 생활을 버리고 아름다운 하늘나라를 바라보면서 살아갈 것을 결심했을 때 시커먼 구름이 자신의 신앙을 질식시키려는 것으로 여겨질 때가 있다. 온갖 죄악들이 고개를 들고 시험하려고 덤벼들더라도 그러한 시련을 이겨내면 곧 하나님의 밭에서 풍성한 수확물을 거둘 수 있게 된다는 교훈이다. 그래서 시편기자는 "허물의 사함을 얻고 그 죄의 가리움을 받는 자는 복이 있도다."라고 하였다.(시32:1)

2. 처음에는 보잘것없게 여기던 기간도 때가 오면 중요한 사건으로 변화될 수 있다는 교훈이다. 초라한 여인이 모압 땅에서 베들레헴으로 이주해 왔다는 것이 어떻게 중요한 사건이 되겠는가? 룻이 보아스가 소유한 밭에 이삭을 주우러 갔던 것이 무슨 의미가 있는가? 그러나 이런 하찮은 사건들이 나중에는 시간과 장소를 초월하여 하나님을 믿는 모든 성도들이 기억하게 될 사건으로 변할 수 있다.

3. 본문에서 이삭 줍는 일의 진정한 의미를 깨달을 수 있다. 알곡이 하나 둘 모아서 끼니를 이을 양식이 되듯이 보리 한단 두 단이 모

여서 풍년이 되는 것이다. 티끌이 모여서 태산이 된다는 속설이 있다. 시작은 미약할지라도 날마다 그 믿음을 부풀리기 위하여 기도하며 시온을 향한 목표를 정하고 실행하면 반드시 이루게 된다는 교훈이다. 또한 어린양의 신부가 되려고 마음으로 작정할 때는 아무런 빛이 보이질 않을 것이다. 그러나 그렇게 작정한 마음의 목표를 향하여 전진할 때 행로를 가로막는 마귀의 방해도 따른다는 교훈이다.

8장. 하나님은 성실한 사람을 축복하신다

2장 5~7절까지에서 하나님은 성실(誠實)한 사람을 축복하시는 것을 볼 수 있다. 이 단원에서 보아스와 룻이 처음으로 만나는 장면이 기록되어있다.(5~7) 룻은 겸손의 미덕을 갖춘 아름다운 여인으로 노모를 모시기 위하여 보아스의 밭에서 익숙하지 않은 일을 하였다. 보아스는 위엄 있고 자비심이 많은 훌륭한 농부였다고 하였다. 이러한 보아스가 자기 밭에서 일하는 사람들에게 찾아왔을 때 남자들만 일하는 곳에서 한 여인을 만나게 되는데 그가 룻이다.

보아스가 베는 자들을 거느린 사환에게 이르되 이는 뉘 소녀냐?(2:5)

보아스는 룻을 보고 보리를 베는 일군들을 부리는 관리자에게 룻이 누구냐고 물었다. 보아스는 바쁜 사람이었지만 하나님께서 자기 밭으로 보낸 이 가련한 여인을 못 본척하지 않았다. 보아스는 이기심에 사로잡힌 거만한 지주(地主)가 아니었음을 볼 수 있다. 풍족한 생활을 하고 있었지만 불쌍한 사람에게도 관심을 가질 줄 아는 사람이다.

예수님께서는 주님의 밭에서 일하는 종들의 구원사업에 관심을 가지고 계신다. 아무리 가난에 찌들고 버림받은 사람이라 할지라도 주님께서는 잊지 않으시고 돌보신다. 주님께서 성도 하나하나에게 관심을 가지고 계신다. 당신의 백성들이 행복하기를 원하신다. 어린양의 신부가 되려고 주님의 밭으로 나오는 사람에게 주님은 우리의 생활여건을 보시지 않으시고 관심을 가지신다.

베는 자를 거느린 사환이 대답하여 가로되 이는 나오미와 함께 모압 지방에서 돌아온 모압 소녀인데,(2:6)

보아스가 룻에 대하여 자기 사환에게 물었을 때, 사환은 성실(成實)하게 대답하였다. 사환은 주인 보아스에게 룻의 출신, 모압에서 베들레헴으로 이주해온 사실, 그녀의 궁핍한 생활 등을 빠짐없이 보고하였을 것이다. 사환이 보아스에게 룻에 관하여 이야기할 때 친절한 마음과 연민의 정을 가지고 말하였다. 사환의 이런 태도는 주님의 양떼인 성도들을 인도하는 목자들이 본받아야 할 태도이다.

주의 종들은 성도들과 항상 친밀하고 밀접한 인간관계를 수립하고 유지하여야 하기 때문이다. 보아스는 주인으로서 우리 예수님의 모습이고, 사환들은 주님의 성도들을 인도하는 목사들의 모습이다. 한 목사의 목회성공 여부는 자기 성도들 한 사람 한사람을 얼마나 이해하고 사랑하고 있느냐에 따라 크게 좌우되기 때문이다. 목회를 하고 있는 목회자들은 하나님의 백성뿐만 아니라 이방인이나 이제 막 하나님을 영접한 신자에게도 깊은 사랑을 보여야 한다. 참된 목회자는 "이 여인은 모압 여인이나 하나님께 돌아왔나이다."라고 하나님께 보고할 수 있어야 된다는 교훈이다.

그의 말이 나로 베는 자를 따라 단 사이에서 이삭을 줍게 하소서 하였고(2:7a)

사환은 보아스에게 룻이 자기들에게 부탁했던 말을 하나도 빠뜨리지 아니하고 기억해 두었다가 보고한다. 본문의 내용대로 "룻이 말하기를 자기를 보리 베는 일군들의 뒤를 따라다니며 보릿단 사이에서 떨어진 이삭을 줍게 허락해 달라하기에 우리가 허락했다"고 보고한다.

보고체계는 보아스의 사환만이 해야 하는 사항이 아니다. 좁게는 가정에서 넓게는 국가에까지, 그리고 주님과의 보고체계를 이루어져야 한다는 교훈이다. 받은 인생의 삶을 위한 터전이다. 삶에는 가정이란 구성으로부터 시작하여 사회의 모든 분야에까지 계통에 의해 움직이어야 실패가 아니라 성공을 가져오는 것이다. 따라서 가정이나, 교회나, 사회를 망라하고 정확한 보고체계가 이루어져야 잘될 수 있으므로 사심이 없이 정확하게 보고하라는 교훈이다.

아침부터 와서는 잠시 집에서 쉰 외에 지금까지 계속하는 중이니이다.(2:7b)

보아스에게 사환의 계속되는 보고는, "그녀는 아침부터 와서 잠시 집에서 쉬는 시간 외에는 계속 일하는데 지금까지도 이삭을 줍는다."라고 보고하였다. 여기서 사환이 룻이 일하는 시간과 쉬는 시간까지 점검한다는 사실이다. 그리고 룻의 성실성뿐만 아니라 열심이었고, 생활력이 강하고 지구력까지를 룻에게서 찾았다고 보고 하였다. 사환이 보았던 룻이라는 인물에 대한 내용은 교회에서 봉사하는 중직에 있는 사람들은 물론이다. 어린양의 신부가 되려는 후보들은 반드시 룻의 두 가지 면에서 본을 받고 삶으로 연결시켜야 된다는 교훈이다.

첫 번째는 보아스의 사환을 본받으라고 한다. 교회에서 기존의 신자나 개종해 오는 새신자일지라도 편견을 갖지 말라는 교훈이다. 또한 모든 사람을 자세히 관찰해서 훌륭한 일군으로 쓰일 수 있도록 보고하라는 교훈이다.

두 번째는 누구든지 룻과 같이 어떤 일이라도 가리지 말고 주어진 삶에 충성하라는 교훈이다. 그리고 무엇을 하든 꾀부리지 말고 열심을 내라는 교훈이다.

마지막으로 아침부터 저녁까지 부지런 하라는 교훈이다. 잠언서 기자는, "손을 게으르게 놀리는 자는 가난하게 되고, 부지런한 자는 부하게 되느니라."(잠10;4) 하였고, 계속하여 "자기의 일을 게을리 하는 자는 패가하는 자의 형이니라."(잠18:9) 하였다. 또 "게으름이 사람으로 깊이 잠들게 하나니 해태한 사람은 주릴 것이니라."고 하였다.(잠19;15)

신약에 와서 바울 사도는 로마서 12장 11절에서 "부지런하여 게으르지 말고 열심히 주를 섬기라"고 하였다. 또한 예수님께서, 빌라델비아 교회를 향하여 "네가 나의 인내의 말씀을 지켰은즉 내가 또한 너를 지키어 시험의 때를 면하게 하리니 이는 장차 온 세상에 임하여 땅에 거하는 자들을 시험할 때라."(계3:10) 하였다. 게으르지 아니하고 부지런과 인내의 말씀을 지켰다는 뜻은 '주님의 말씀을 준행하는데 게을리 하지 아니하고 열심히 준행했다는 뜻이다. 따라서 그러한 사람이라야 환난에 남겨지지 아니하고 휴거시킨다고 약속하셨다.

주님의 은혜로 하나님을 아바 아버지로 부르는 성도, 곧 어린양의 신부가 되려고 애쓰고 힘쓰는 사람들은 룻을 본받으라는 교훈이다.

가르치는 사람이든 배우는 사람이든 아침부터 저녁까지 자기에게 주어진 일에 게을리 하지 말고 열심을 내야 한다는 교훈이다. 열심을 내되 눈가림으로 땜질만 하려들지 말고 성실성을 나타내라는 교훈이다. 룻이 자기와 시어머니의 생명에 대하여 강하게 집착하듯이 자기 영혼을 살리려는 강한 집착을 가져야 한다. 나아가서는 주께서 저리로서 산자와 죽은 자를 심판하려 오실 때에 들림을 받을 수 있도록 주님의 말씀대로 열심히 준행하고 복종하라는 교훈이다.

9장. 그리스도는 사랑으로 돌보신다

    2장 8절로부터 13절까지에서 주는 교훈은 보아스가 룻에게 베푸는 자상한 보살핌과 사랑을 읽게 된다. 보아스가 룻에게 그러한 자비를 베푸는 것은 정적(靜寂)한 안식이나 희락을 바라기 위해 베푸는 것이 아니다. 내용을 보면 그는 룻을 한 번도 만나본 일이 없었다. 다만 곡식을 거두는 자들을 관리하는 감독관으로부터 그녀의 성실함과 근면함에 관하여 보고를 받았을 뿐이었다.

    그리고 룻에 관한 소문은 마을에도 퍼져있었다. 그녀의 평판을 들어서 대강 알고 있었기에 감독관이 보고할 때 시중에 나돌고 있는 그녀의 소문과 일치됨을 알았다고 11절에서 설명한다. "보아스가 그녀에게 대답하여 가로되 네 남편이 죽은 후로 네가 시모에게 행한 모든 것과 네 부모와 고향을 떠나서 전에 알지 못하던 백성에게로 온 일이 내게 분명히 들렸느니라."(11절)는 내용이다. '하나님이 나의 하나님이 되시리라' 는 믿으므로 하나님 품을 찾아온 사실을 높이 평가했기 때문이다. 보아스가 룻에게 베푸는 따뜻한 사랑과 돌보심이 우리에게 향하신 예수님의 모습이라는 교훈이다.

보아스가 룻에게 이르되 내 딸아 들으라. 이삭을 주우러 다른 밭으로 가지 말며, 여기서 떠나지 말고 나의 소년들과 함께 있으라.(2:8)

보아스가 룻에게 들으라 하였는데 무슨 말을 하려고 들으라 했을까? 세 가지를 말하면서 명령형식을 취하고 있음을 볼 수 있다. 때로는 예수님께서도 내 말을 들으라 하실 때 '현재명령 또는 현재직설법으로 'ακουειν, ακου τω, ακ υει, ακ υων, ακουσ τω' 말씀하신 것을 볼 수 있다. 보아스가 룻에게 들으라는 내용의 첫째는 다른 밭으로 가지 말라 하였고, 두 번째는 여기서 떠나지 말라! 하였고, 세 번째는 나의 소년들과 함께 있으라! 하였다.

보아스가 들으라고 하는 세 가지의 영적의미는 이러하다. 다른 밭으로 가지 말라는 명령은 사단의 밭, 곧 속임수를 쓰는 마귀의 소굴로 가지 말라는 뜻이다. 일찍이 하와가 뱀의 꾐을 받고 갔다가 선악을 알게 하는 나무실과를 먹게 된 것도 하나님께서 들으라고 명령하신 말씀에 복종치 않은 탓이었다.

1. '여기서 떠나지 말라' 는 명령은 예수 그리스도를 떠나지 말라는 명령이다. 그것은 그리스도를 떠나서는 구원이 없기 때문이다. '불법을 행하는 자들아 내게서 떠나가라' (마7:23)하셨는데 이는 그리스도를 떠나게 된 사람들의 결과를 보면 거짓으로 믿는 자가 되든가, 아니면 악한 자로 타락되기 때문이다. 그리고 "성령이 밝히 말씀하시기를 후일에 어떤 사람들이 믿음에서 떠나 미혹케 하는 영과 귀신의 가르침을 좇으리라"(딤전4:1) 하였는데, 이는 예수를 떠나게 되면 미혹하는 마귀의 가르침을 받아서 믿음에서 떠남을 인하여 구원을 이

루지 못하겠기 때문이다.

2. '내 소년들과 함께 있으라' 는 영적의미는 천사들과 함께 있으라는 명령이다. 성도들은 항상 자신을 인도하는 천사들이 있다. 한 천사는 행위를 살피는 천사다. 예를 들면, 주일에는 하나님 앞에 나아가 예배를 드려야 한다. 그런데 주일에 골프장, 낚시터에, 또는 육신적인 다른 어떤 향락을 쫓아가면 스스로 천사를 떠나고 혼자 있게 된다. 이때 귀신은 그를 공격해서 생명을 빼앗고자 하기 때문에 사고가 일어나는 경우가 있다는 교훈이다.

그들의 베는 밭을 보고 그들을 따르라.(2:9a)

9절에서 보아스가 두 번째로 룻에게 세 가지를 지키라고 하였는데 그 내용은 '베는 밭을 보고 그들을 따르라' 하였다. 보아스가 룻에게 당부하는 메시지는 우리 주님께서 주시는 메시지의 예표라고 하겠다. 보아스는 하나님의 거룩하신 섭리를 따라 베들레헴에 온 룻에게 자기 밭에서 계속 일하도록 권유하면서 다시 다음과 같은 세 가지를 지키라는 영적의미는 이러하다.

'밭을 보고 그들을 따르라.' 신앙생활 중에서 신실한 신앙인들과 깊은 교제를 갖는 것만큼 중요한 일은 없을 것이다. 신실하게 믿는 성도의 영향은 큰 도움을 준다. 시편기자는 '복 있는 자는 악인의 꾀를 쫓지 아니하며 죄인의 길에 서지 아니하며 오만한 자의 자리에 앉지 말라' (시1:1)하였다. 따라서 항상 하나님을 경외하는 사람과 함께 있어야 하며 악한 사람과 동행해서는 안 된다고 교훈한다.

내가 그 소년들에게 명하여 너를 건드리지 말라 하였느니라.(9b)

　다음은 '내가 소년들에게 너를 건드리지 말라 하였느니라.' 하였다. 하나님이 축복하시는 밭과 그렇지 못한 밭을 구분하기가 힘들 경우가 많다. 낯선 밭으로 가게 되었을 때에는 섣불리 모험을 해서는 안 된다. 항상 안전한 곳에 머물러 있어야 된다는 교훈이다. 사사기 19장을 보면 가지 말았어야 했고, 유숙해서는 안 될 곳에서 유숙하러 들어갔다가 사랑하는 여인을 무뢰배(남색 하는 자)들에게 죽음에 이르게 하는 농락까지 당했다고 하였다. 마귀가 우리 영혼을 노략질하지 못하게 하시려고 하나님께서 자기 백성들에게 인을 치셨기 때문에, "늙은 자와 젊은 자와 처녀와 어린 아이와 부녀를 다 죽이되 이마에 표 있는 자에게는 가까이 말라"고 에스겔은 증거 하였다.(겔9:6)

목이 마르거든 그릇에 가서 소년들의 길러온 것을 마실지니라.(9c)

　'목이 마르거든 소년들이 길러온 물을 마실지니라.' 예수님의 은총과 축복도 이처럼 풍성하다는 교훈이다. 이사야는 선지자는 "너희 목마른 자들아 물로 나아오라"(사55:1) 하였다. 예수님께서 수가성 여인에게 "내가 주는 물을 먹는 자는 영원히 목마르지 아니하리니 나의 주는 물은 그 속에서 영생하도록 솟아나는 샘물이 되리라"(4:13-14) 하신 다음에, "나를 믿는 자는 성경에 이름과 같이 그 배에서 생수의 강이 흘러나리라"(요7:38) 하셨다. 그러므로 보아스가 룻에게 자기 소년들이 길러온 물을 마시라는 영적의미는 누구든지 예수를 떠나지 아니하고 함께 있는 사람에게는 성령의 생수를 마음껏 마실

수 있다는 교훈이다. 그리고 영생의 물에 대하여 "성령과 신부가 말씀하시기를 오라 하시는도다. 듣는 자도 오라 할 것이요, 목마른 자도 올 것이요, 또 원하는 자는 값없이 생명수를 받으라 하시더라"(계 22:17) 라고 기록되어 있다.

룻이 땅에 엎드려 절하며 그에게 이르되 나는 이방 여인이어늘,(2:10a)

당시에는 모압은 이스라엘 민족과는 원수지간이었다. 모세 때 이집트에서 탈출한 이스라엘 백성들이 모압 땅을 통과하려 할 때였다. 모압의 발락왕이 발람선지를 꾀어내서 저주하라 했던 나라다. 이러한 원수의 땅에서 온 룻을 받아드리는 보아스의 모습에서 예수님을 찾아야 한다. 보아스의 은혜의 말을 듣고 룻은 땅에 엎드렸다. 또 보아스에게 절하며 은혜에 감사를 표하였다.

보아스가 원수의 나라에서 온 룻을 받아드렸듯이, 예수님은 죄인이고 허물투성이 인간들을 아무 조건없이 받아드린다. 이것이 바울이 말한 "너희가 그 은혜를 인하여 믿음으로 말미암아 구원을 얻었나니 이것이 너희에게서 난 것이 아니요 하나님의 선물이라."(엡2:8)는 말씀에서 보여준다. 인간을 구원시키기 위해 인간의 행위와는 상관없이 하나님은 예수님을 선물로 주셨다는 것이다. 그러므로 하나님이 주신 선물은 구원이 아니라 예수님이시다. 이 말씀과 보아스가 룻을 배려하는 것이 예수님의 모습을 닮았기에 보아스는 예수님의 모습으로 보는 것이다.

당신이 어찌하여 내게 은혜를 베푸시며 나를 돌아보시나이까(10b)

보아스의 모습에서 우리 주님을 발견하게 된다. 주님께서도 마귀와 함께 어울려 살던 인간이 예수님 앞으로 나아올 때 받아드리는 모습이 보아스를 통하여 보여준다. 우리도 이처럼 자신을 낮출 수 있는 겸손의 미덕을 갖추고 있는가? 자기의 결점과 부족함을 솔직히 인정하고 있는가? 그러므로 여호와의 극진한 사랑 앞에 우리 인간은 겸손히 머리 숙여야 한다는 교훈이다.

바울은 "그때에 너희는 그리스도 밖에 있었고 이스라엘 밖의 사람이라. 약속의 언약들에 대하여 외인이요 세상에서 소망이 없고 하나님도 없는 자이더니 이제는 전에 멀리 있던 너희가 그리스도 예수 안에서 그리스도의 피로 가까워졌느니라."(엡2:12~13)는 말씀과 보아스가 룻을 배려하는 점이 비교가 된다.

보아스가 그에게 대답하여 가로되 네 남편이 죽은 후로 네가 시모에게 행한 모든 것과 (2:11a)

보아스는 룻을 처음 만났지만 지난날 그녀의 행실에 대하여 자세하게 알고 있었던 것 같다. 룻의 남편 말론이 죽었다는 사실, 시어머니를 극진히 모시는 효성까지 알고 있었다. 이러한 그녀의 행실이 입에서 입을 물고 소문이 온 성읍에서 자자하였기 때문에 보아스에게까지 전해졌을 것이다. 이러한 그녀의 좋은 평판은 보아스로 하여금 은혜를 베풀 수 있게 하였을 것이다.

하나님께서 룻을 위하여 특별히 준비하신 하늘의 영광을 룻이 드디어 거두게 되었다. 룻이 거두게 될 수확에 비하면 보아스의 밭은 초라한 땅덩이에 불과하다. 보아스의 재산도 룻이 받을 기업에 비하면 보잘것없었다. 룻은 자기가 맡은 일의 크고 작음에 관계없이 항상 성실한 자세로 맡은바 책임을 다하였다. 이처럼 성실한 룻의 태도는 나중에 큰 상급을 가져오게 하는 바탕이 되었다는 교훈이다.

네 부모와 고향을 떠나 전에 알지 못하던 백성에게로 온 일이 내게 분명히 들렸느니라.(11b)

보아스는 룻을 개인적으로는 알지 못하였을 것이다. 그러나 룻의 구차한 소식을 들었지만 그녀의 효성에 대해 흡족하게 생각하고 칭찬한 부분을 생각해 보아야 한다. 룻은 이방여인이다. 그것도 이스라엘 민족에게는 철천지원수의 땅에서 온 여인이다. 그러나 룻은 베들레헴 성읍에서 칭찬이 자자했고, 좋은 평판으로 누구든지 그녀를 원수의 족속이라고 외면하질 않았고, 박해하지 않았고, 핍박하지 않았음을 주목해야 한다.

하나님께서 우리의 행위를 보시고 각자에게 응분의 상급을 베풀어 주신다는 교훈이다. 룻은 보아스의 밭에서 자신을 알아볼 수 있는 사람은 아무도 없을 것이라고 생각했을 것이다. 그러나 놀랍게도 보아스는 룻의 효성과 덕행을 잘 알고 있었듯이, 예수님도 성도들의 행실을 훤히 보신다는 교훈이다. 성경은 누누이 행위대로 응분의 심판을 받는다고 기록되어있다는 사실을 명심해야 한다는 교훈이다. 우리들의 생활자체가 심판의 증거가 되기 때문이다. 성경은 주를 위하여 선하게 행동하고 사랑을 베풀면 이 땅에서도 보답을 받게 된다는 교훈이다.

여호와께서 네 행한 일을 보응하시기를 원하며,(2:12a)

룻이 보아스로부터 이러한 축복을 이끌어내게 된 동기는 무엇이었을까? 라고 생각해 보아야 한다. 왜냐하면 여호와 하나님께서 모압 여인인 룻에게 복을 주실 수 있겠는가? 그리고 여호와 하나님께서 모압에서 온 룻을 당신의 거룩한 날개로 보호해 주실까? 신명기 23장에서 보면 "그들은 너희가 애굽에서 나올 때에 브올의 아들 발락이 발람에게 뇌물을 주어 너희를 저주케 하려했기 때문에"라고 하였다. 때문에 "모압 사람은 암몬 사람과 함께 영원히 여호와의 총회에 들어오지 못하리라 하였다.

보응이라면 행한 일에 대한 보상과 징벌이 따른다는 말이다. 룻의 지난날의 행적을 미루어보면 선행에 따르는 하나님의 보답이다. 그녀가 행한 선행의 첫 번째가 말론에게 관한 일이다. 두 번째는 하나님을 믿는 가정으로 온 행위다. 세 번째는 나오미에게 행한 선한 일과 순종이다. 성경은 누구든지 선을 행하는 사람에게는 하나님도 그를 외면하지 않으신다 하셨다.

이스라엘의 하나님 여호와께서 그 날개 아래 보호를 받으러 온 네게 온전한 상주시기를 원하노라.(2:12b)

룻은 모압 태생이요 하나님의 저주를 받은 족속중의 한 사람이요 하나님의 축복을 받을 수 없는 족속의 여인이다. 그런 그녀가 하나님의 은총을 받게 된 동기는 하나님을 믿기 위해 "어머니의 하나님이 나의 하나님이 되리라"는 신앙고백과 함께 모압을 버린데 있다. 고향을 떠날 때 부모 형제들도 버렸다. 그리고 시어머니 나오미를 극진히 사랑하며 봉양하였다. 나아가서는 자기에게 주어진 일이라면 크든 작든 천한 일이든 귀한 일이든 가리지 않고 열성을 다하였다. 그리고 자신을 가장 낮은 자리에까지 낮추며 겸손한데서 복을 받을 수 있었던 것이다.

어린양의 신부가 되려는 후보들은 이 점을 본받아야 한다. 우리도 저주받을 수밖에 없었으나 예수 그리스도의 희생으로 하나님을 아바 아버지로 부르는 은총을 받았다. 그렇다면 영원한 천국으로 가는 길에 장애가 되는 땅에 대한 애착심을 버려야 한다는 교훈이다. 부모형제를 떠날 수 있어야 하는데도 부모님 때문에 형제들 때문이라는 자기 합리화를 버리라는 교훈이다. 자기를 주님 앞으로 인도한 목자를 쫓아내지 말고 존중하고 섬기라는 교훈이다.

좋은 일만 골라서 자기를 부각시키는 일만 골라서 다니지 말고, 크고 작은 것을 가리지 말아야 하나님의 축복을 받게 된다는 교훈한다. 이것저것 핑계를 늘어놓으며 미꾸라지처럼 빠져나가지 말고 열성을 다하라는 교훈한다. 자신을 들어내려고 안달하지 말고 자기를 낮추며 겸손하라고 교훈한다. 특별히 어린양의 신부가 되려고 애타게 소망하는 후보들이 많으므로 룻이 보여주는 교훈을 본받지 않으면 그날에 주님 앞에 설수 없다는 경고성 교훈임을 깨달아야 한다.

룻이 가로되 내 주여 내가 당신께 은혜 입기를 원하나이다.(2:13a)

속담에 '말 한마디로 천량 빚을 갚는다.'고 한다. 룻은 자기 스스로를 아는 사람이었다. 어떻게 처신해야 할지를 분명히 아는 사람이었다. 멸시와 천대를 받아야 될 이스라엘과는 원수의 땅 모압이라는 악조건을 지혜롭게 대처하는 사람이었다. 룻은 생활과 행동과 열성과 성실로 베들레헴에 사는 모든 사람들의 마음을 사로잡은 여인이다. 또한 능숙하게 상대의 마음을 사로잡는 훌륭한 말재간까지 겸비한 여인이다.

어린양의 신부가 되려는 후보들은 룻의 이러한 장점을 닮으면 주님 앞에서 합격될 수 있다. 성경은 "이튼 날에 데나리온 둘을 내어 주막 주인에게 주며 가로되 이 사람을 돌보아 주라. 부비가 더 들면 내가 돌아올 때에 갚으리라 하였으니 네 의견에는 이 세 사람 중에 누가 강도만난 자의 이웃이 되겠느냐?"(눅10:35~36) 라는 말씀은 계명의 완성인 사랑이다.

나는 당신의 시녀의 하나와 같지 못하오나 당신이 이 시녀를 위로하시고 마음을 기쁘게 하는 말씀을 하셨나이다. (2:13b)

본절의 말씀은 사회적 지위가 높은 사람이나 영향력이 큰 사람들이 특히 귀담아 들어야 할 말씀이라고 생각된다. 아래 사람을 기쁘게 하는 칭찬의 말을 주저한다면, 당사자에게 알게 모르게 깊은 상처를 입히거나 좌절감을 안겨주기 때문이다. 아무리 큰 강이라 할지라도 원줄기에서 물의 흐름을 조금만 변경시켜 놓으면 그 영향이 지류에서는 엄청나고 크게 나타나서 강물의 흐름자체를 전혀 다른 방향으로 흘러간다. 마찬가지로 심히 낙담하는 사람에게 적당한 시간에 적절한 격려의 말을 해주면, 그 말이 큰 자극이 되어 희망을 찾고 근면한 생활을 하게 될 것이고, 그의 운명의 방향을 변화시킬 수도 있다는 교훈이다.

10장. 누르고 흔들어 넘치도록 주신다

식사할 때에 보아스가 룻에게 이르되 이리로 와서 떡을 먹으며 네 떡 조각을 초에 찍으라.(2:14a)

누가복음 6장 38절에 "주라 그리하면 너희에게 줄 것이니 곧 후히 되어 누르고 흔들어 넘치도록 하여 너희에게 안겨 주이라" 하셨다. 이 단원에서는 주는 자에게 복 주시는 하나님께서 보아스가 룻에게 베푸는 내용으로 기록되어 있다.

하나님은 '하나님의 밭'을 추수하는 자에게 식사 때를 마련하시는 것과 같이, 보아스와 그의 일군들이 열심히 일하고 난 후에 식사하는 모습으로 기록되어 있다. 그런데 룻은 보아스의 곡식을 거두는 일을 한 것이 아니라 자기와 시모를 위하여 양식을 마련한 일 외에 보아스를 위해 한 일은 하나도 없었다. 그런데도 보아스는 룻을 가까이 오게 하고 음식을 나누어주는 베푸는 미덕을 보여준다.

예수님께서 보리떡 5개와 물고기 2마리로써 한번은 5,000명을 먹이시고, 다른 한번은 4,000명을 먹이신 베푸심에서 볼 수 있다. 이스라엘 백성들이 광야생활을 할 때 하나님은 그들이 하나님의 백성이든 아니든 편견 없이 골고루 만나와 메추리로 먹였다. 보아스가 자기식솔들만 먹이는 것이 아니라 이방 여인 룻에게도 음식을 나누어 먹이는 베푸심을 신부가 되려는 후보들에게 주는 두 가지 교훈이 있다.

첫 번째는, 하나님께서 우리에게 요구하시는 것은 사람을 가리지 말라는 것이다. 예수 앞에서는 내 사람, 네 사람이 따로 있을 수 없다는 것이다. 내 가족, 내가 아는 사람만이 신부가 될 터이니 너희는 가까이 올 수 없다는 식으로 하지 말고 모두 가까이 오도록 부르라는 것이다. '이리로 오라'고 초대하는 심령은 옷차림이 누추하다든가, 성격이 까다롭다든가, 가난하다든가, 병약하다든가 하여 거룩한 축복의 자리를 막는 일은 없어야 된다는 교훈이다.

두 번째는, 하나님께서 마련하신 은혜가 넘치는 말씀의 식탁에 모두를 가까이 오도록 부르라는 것이다. 주님께서 우리에게 주시는 교훈이 있다. 오만과 편견을 깨뜨리고 과거에 지은 죄를 회개한 사람은 모두 하나님이 베푸시는 식탁에 초대해야 된다는 교훈이다. 잊어서는 안 될 식사시간은 일주일에 한 번씩 지켜야 하는 성찬(聖餐)이다. 하나님의 말씀에는 주는 자가 복이 있다 하셨다. 나누어주는 손길에 하나님의 축복이 따른다는 교훈을 주신다.

룻이 곡식 베는 자 곁에 앉으니 그가 볶은 곡식을 주매 룻이 배불리 먹고 남았더라.(2:14b)

볶은 곡식이라면 곡식을 베는 들판에서 장만한 것이 아니라 집에서 준비해서 가져온 것이다. 보아스는 그것을 룻에게 주었다. 룻은 "배불리 먹고 남았더라" 하였다. 보아스를 통하여 우리에게 주는 교훈은 무엇인가? 하나님은 성령으로 통하여 우리 신앙에 영감을 주신다.

룻처럼 굶주리며 인생의 고통을 겪고 있는 사람이라면 이처럼 풍성한 대접을 받게 되는 날이 올 것이다. 예수 그리스도의 진리의 말씀으로 가득 차게 되는 사람은 그의 영은 배부를 것이다. 누구든지 사랑의 부족함을 느낀 사람은 예수님의 사랑을 받아들일 수 있다. 룻은 남은 음식을 집으로 가져갔다는 기록이 있다. 이러한 행위는 당시의 유대 관습에서 보면 합당한 처사는 아니었다. 그러나 룻은 어떠한 관습이나 규제의 적용을 받지 않았다는 점이다.

우리가 어린양의 신부가 되려는 믿음에서 얽히고 설킨 교회나 교단의 규제 또는 관습적인 정책에 제재를 받아서는 안 된다고 교훈한다. 어느 날 예수님과 제자들이 길가는 중에 시장하여 제자들이 밀을 한줌씩 들고 먹었을 때, 유대인들이 비난한 일이 있었다.

그들은 자기들의 관습을 들어서 비난했으나 예수님은 그들의 비난이 옳지 않다고 하였다. 그러므로 영의 성숙을 제한시키는 규제들이 교회에서 없애야 한다.

룻이 이삭을 주우러 일어날 때에 보아스가 자기 소년들에게 명하여 가로되, (2:15a)

보아스가 말하는 소년들은 자기 집에 기거하는 식솔들이다. 반대로 룻은 이방여인일 뿐 아니라 가난한 과부와 함께 사는 젊은 과부다. 홀로된 룻을 우습게 여기고 허튼 수작을 당할 수도 있는 젊은 나이다. 나이만이 아니라 남편이 없는 홀로된 여인이라면 뭇 남성들의 이목이 집중될만하기 때문이다. 보아스의 표정과 말은 엄숙하였다. 그러기에 "명"하여 라고 하였다. 이 명령은 여호와께서 아담에게 선악과를 먹지 말라는 엄격한 규율과 같은 뜻이다. 당시 아담은 이 명령을 거부한 일이 죽음을 불러왔다. 이처럼 준엄한 명령에 불응하는 사람은 죽음을 면치 못한다는 경고였다. 보이스가 그렇게 하는 룻은 자기가 택한 사람이기 때문이다.

"누구든지 해하려 하면 반드시 이와 같이 죽임을 당하리라.(계10:6)

환난 때에 사역자들을 해칠 경우를 말하였다. 사역자들은 하나님이 특별히 쓰시는 사람들로서 예수님에게 속한 종들이다. 따라서 예수를 믿는 교회 성도들을 해치거나 비방하는 존재들은 이 경고를 들으라는 교훈이다. 이 말씀은 현대교회에게 주는 교훈이 크다. 어린양의 신부후보들이 하는 사역을 비방하거나 훼방하며 문제를 삼지 말라는 경고성 교훈이다. 사역자들이나 어린양의 신부들은 예수님에게 속해 있다. 그것은 보아스가 명령했듯이 예수님의 명령이기 때문이다. 이러한 명령에 순종치 아니하고 훼방할 때는 죽임을 면치 못한다.

그로 곡식 단 사이에서 줍게 하고 책망하지 말며.(2:15b)

참으로 놀라운 이야기다. 밭고랑에 다니며 떨어진 이삭을 줍는 것이 상례이다. 그런데 보아스는 곡식 단 사이에서 줍게 하고 책망하지 말라고 일군들에게 당부하였다는 점이다. 룻이 음식을 먹은 후에 이삭을 줍기 위해 자리에서 일어날 때 보아스는 모든 사람들이 들도록 공개적으로 명령하였다. 여기서 두 가지 상황을 생각해 볼 필요가 있다. 모두가 들도록 공개하지 않으면 일하는 사람들 중에서 룻에게 줍지 못하게 할 사람도 있을 것이다. 또한 룻 자신도 마음 놓고 일군들 뒤를 따라가며 줍지 못할 수도 있을 것이다. 더욱이 앞에서 '건드리 지 말라'고 했다는 점으로 미루어 볼 때 보아스는 룻의 신변까지 보 살펴주고 있다.

예수님께서 "내가 참 포도나무요 내 아버지는 그 농부라" 하셨듯 이 하나님은 하늘과 땅과 그 중간에 모든 것을 지으신 위대한 농부시 다. 그리고 제자들에게 기도를 가르치신 내용 중에서 "우리에게 일 용할 양식을 주옵시고"라고 하신 말씀도 하나님은 당신의 자녀들에 게 좋은 것으로 먹이시는 농부시다. 하나님은 당신의 백성들을 위하 여 모든 것을 준비하시며 가장 값진 곡식을 나누어 주심을 보아스를 통하여 교훈하신다.

또 다른 한 가지는 언제나 겸허한 마음을 가지라는 교훈이다. 보아 스의 일군들은 주인의 모든 것을 곧 자신의 것으로 착각할 수도 있 다. 잠언서 기자는 "종을 어렸을 때부터 곱게 양육하면 그가 나중에 자식인체 한다."라고 했듯이 보아스가 룻에 대하여 종들에게 경고하 지 않는다면 어떻게 되겠는가? 여기서 어린양의 신부가 되려는 후보 들이 본받아야 될 점은 항상, 그리고 누구에게나 겸손하라고 교훈한다.

보아스가 '곡식 단 사이에서 줍게 하라'는 내용은 '왜 돈과 물건을 주어야 하는가?'라는 의문이 생기는 시험이 될 수도 있다. 사도 요한 은 "그리스도께서 우리를 위하여 목숨을 버리셨으니"라고 하신 다음 에 "우리도 형제를 위하여 목숨을 버리는 것이 마땅하니라."(요일 3:16) 하였다. 이러한 말씀에 비추어볼 때, 목숨 다음으로 소중히 여 기는 것을 주는 것이 목숨을 대신하는 것이 물질이다. 하나님이 인간에게 주신 은혜에 대한 신앙의 보답의 하나가 물질이다. 그러나 사람들은 물질을 주는 것보다 믿음을 나누어 주는 것이 좀 더 신앙적이라고 생각할 것이다. 이러한 사람은 말로는 믿는 것같이 보이지만 실상은 믿음이 없다는 자기변명일 뿐이다. 그 이유는 모든 물질이 하나님께로부터 온다는 사실을 모르고 다만 내가 어렵게 얻은 것을 왜 주어야 하느냐 하기 때문이다. 어린양의 신부가 되려는 신실한 믿음의 소유자라면 이러한 질문을 스스로에게 물어보아야 할 것이다. 그것은 누구의 것이란 말인가? 주인이 있을 것이 아닌가? 그 주인은 도대체 누구인가? 하나님이신가? 아니면 나 자신인가? 주인이 하나님이시라면 나는 종으로서 나누어주라는 명령대로 주기만하면 될 뿐이다. 이것이 룻에게 행한 보아스로 하여금 우리에게 배우라고 주는 교훈이다.

또 그를 위하여 줌에서 조금씩 뽑아 버려서 그로 줍게 하고 꾸짖지 말라 하니라. (2:16)

보아스는 일꾼들에게 룻을 위하여 조금씩 남겨두라고 하였다. 그리고 룻이 그것을 주을 때 꾸짖지 말라고 하였다. 이 방법은 예수님께 이렇게 말씀하신다. "너는 구제할 때 오른손의 하는 것을 왼손이 모르게 하라"(마6:3)고 하였다. 여기서 우리에게 주시는 교훈이 있다. 보아스가 룻에게 베푸는 것이 무엇인가? 보아스가 룻에게 자선으로 베푸는 모습을 보는 우리는 두 가지 교훈을 얻을 수 있다. 그 하나는 우리가 남에게 자선을 베풀 경우에 명심해야 할 것이고, 다른하나는 보아스의 선한 자선을 통하여 하나님께서 어떻게 은혜를 베푸시는가 하는 것이다. 하나님은 성령으로 하여금 우리를 도우신다. 책망하지 말고 복을 받도록 도우라 하신다. 천사들을 통하여 도움을 받는 우리로 하여금 어려운 이웃을 도우라는 분부시다.

이 말씀은 왜 나누어 주어야 하는가라는 질문에 대하여 신자들은 대답할 말을 준비하고 있어야 할 부분이다. 주고 싶으면 주고, 주기 싫으면 주지 않아도 된다는 가르침은 성경 어디에도 없다. 따라서 사도 요한은 "누가 이 세상 재물을 가지고 형제의 궁핍함을 보고 도와줄 마음을 막으면 하나님의 사랑이 어찌 그 속에 거할까보냐"(요일 3:17)라고 말하기 때문에 도와야 한다. 이처럼 주는 것은 사랑의 자연스러운 표현이다. 예수님께서 자신을 사람들에게 주셨듯이 다른 사람에게 나누어줄 때 사랑이 나타나는 것이다. 주는 것 속에 사랑이 암시되어 있다. 사랑은 주는 것이기에 주기를 거부하는 것은 사랑이 없음을 보여주는 것이다.

예수님께서 "사람이 나를 사랑하면 내 말을 지키리니"(요14:23)라고 하셨다. 이 말씀에 주의해야 한다. 성경은 참된 사랑과 따뜻한 감정을 혼동하는 것을 허락하지 않는다. 감정과 사랑을 혼동하는 것을 작은 실수라고 생각하면 안 된다. 이런 혼동은 '믿음을 나누는 것'을 가지고 '물건을 나누는 것'과 바꾸려는 경우에 나타나게 된다. 우리는 다른 사람과 신앙을 나누는 일을 기뻐할 것이다. 이것은 돈이 드는 일이 아니기 때문이다. 그러나 사랑이 우리에게 요구하는 것은 많은 노력으로 얻은 재물을 나눔에 있음을 깨달아야 한다. 이것이 보아스가 룻에게 베푼 사랑이다.

11장. 그가 우리에게 기업을 물 자라

룻이 밭에서 저녁까지 줍고 그 주운 것을 떠니 보리가 한 에바쯤 되는지라.(2:17)

룻이 '밭에서 저녁때까지 줍고' 라고 기록하고 있다. 여기서 그녀의 성실함과 근면성을 아울러 볼 수 있다. 쉬지 아니하고 노력하는 열심을 보인다. 그리고 누가 시키지도 않았다. 오직 자발적으로 자신의 생을 위해 최선의 노력을 하였다. 다음은 '주운 것을 털었다' 라고 한다. 한 알씩 모아서 한 에바(ephah)라면 노력에 비해 적은 수확이다. 그녀가 얻은 것은 시간을 투자하고 땀 흘리는 노동력의 투자에 비하면 보잘것없었다. 그럼에도 룻은 그런 것에는 마음에 두고 생각하지 아니하고 오직 주어진 현실을 극복하였다.

사람은 노력하지 아니하고 많은 것을 얻기를 바라는 근성이 있다. 심지는 아니하고 거두기만 하는 공짜를 바라는 마음도 있다. ─독일 사람은 이사를 하면 포도나무부터 심고, 한국 사람은 이사하면 상추부터 심는다는 말이 있다.─ 그만큼 성미가 급다는 뜻일 것이다. 믿음도 그러하다. 자신의 몫은 아니하고 주님의 몫을 내 놓으라고 떼를

쓰는 경우가 많다. 룻의 노력과 근면을 배우라는 교훈이다.

이 말씀이 우리에게 주는 교훈은 무엇일까? 사람들은 땀 흘리며 노력은하지 아니하고 쉬운 일자리를 얻으려고만 한다. 또한 자신은 노력하지 아니하고 남의 도움만 바라는 형태도 있다. 특별히 교회가 개척되면서 물질적으로 어려움은 반드시 있게 된다. 그것은 영혼 구원이라는 큰 축복이 있기에 마귀는 풍요로움을 가만히 보고만 있지 아니한다. 그래야 교회를 포기하고 세상으로 돌아서게 하려하는 것이다. 이럴 때 하나님은 물질로서 테스트를 하신다. 그 테스트과정은 궁핍함을 이기기 위해 스스로 힘쓰고 애써서 하나님 앞에 우뚝 서는 사람이 있다. 그러나 반대로 노력은 하지 아니하고 물질적인 도움으로 얻은 물질을 교회가 아니라 생활과 자녀들의 학비, 나아가서 개인적으로 필요한 일반적인 곳에 쓰는 경우가 태반이다. 그러기에 솔로몬은 "손을 게으르게 놀리는 자는 가난하게 되고, 손이 부지런한 자는 부하게 되느니라."(잠10:4)라고 게으른 사람을 책망하였다.

그것을 가지고 성읍에 들어가서 시모에게 그 주운 것을 보이고, 그 배불리 먹고 남긴 것을 내어 시모에게 드리며,(18)

룻이 하루 종일 땀을 흘리며 수고하고 얻은 대가는 한 에바였다. 그것을 가지고 어머니께 보이고 두 사람이 배불리 먹고 남은 것을 자기 것으로 치부하지 아니하고 어머니께 드렸다는 이야기는 삭막한 오늘에 살아가는 믿는 자들에게 주는 교훈은 무엇이겠는가? 언젠가 신문에서 본 기사의 내용이다. -재산 때문에 아버지를 죽이는 사건, 돈 때문에 자기를 낳아준 부모를 살해하고, 재산 때문에 형제간에 법정에 세우는 매정한 세상이라는 기사였다.- 그런데 룻은 자신이 땀을 흘리며 모은 것을 어머니께 드렸다고 한다. 성경에는 이러한 말씀이 있다. "욕심이 잉태한즉 죄를 낳고 죄가 장성한즉 사망을 낳느니라."(약1:15)고 교훈한다.

오늘이라는 개인주의사회에서 부모를 봉양하는 일이란 찾아볼 수 없는 세태라는 사실이다. 자기 배만 채우기에 급급한 젊은이들이 이런 본을 받아야 한다. 그런데 어떠한가? 자신의 수익으로도 부족해서 부모님의 도움을 바라는 경우가 태반이다. 하루, 한 달을 일하고 벌어들인 것을 부모님에게 보여주는 젊은이들이 몇이나 있을까? 보여드리기는 고사하고 아버지 어머니 주머니를 털어가지만 안 해도 다행일 것이다.

시모가 그에게 이르되 오늘 어디서 주웠느냐? 어디서 일을 하였느냐?(2:19a)

나오미가 룻에게 관심을 갖는 것은 당연하다. 룻은 동서였던 오르바와는 달리 친정으로 돌아가지 않았다. 또한 재혼하겠다는 마음으로 젊은 남자를 찾아가지도 않았다. 하루를 함께 살았던, 10년을 함께 살았던 고부간의 정은 쌓이고 싸였을 것이다. 그러기에 룻은 나오미에게는 딸보다 더 소중한 딸이다. 그러니 나오미로서는 룻의 앞날을 위해 항상 염려하고 생각할 수밖에 없을 것이다. 나오미는 죽은 남편과 두 아들의 뒤를 이어줄 사람은 룻뿐이기 때문이다. 그것이 기업을 물어줄 사람이 나타날 때까지 룻의 말과 행동을 지켜보는 것이다.

젊은 여자가 좋은 조건을 뿌리치고 따라온 충심을 아는 나오미다. 그러니 말과 행동에까지 애증이 가는 것이다. 나오미는 룻이 준 것에 대하여 고마움을 표시해야 하였는데 그리하지 않았다. 감사나 고마움으로 칭찬하지 않았다. 그리고 '오늘 어디에 갔었느냐?' 라고 물어보는 것이다. 그리고 어디에서 일을 하였느냐고 확인하려하였고, 그렇게 하는 것은 룻을 돌보는 보아스에게 복을 빌어주어야 하기 때문에 물어보는 것이다.

험악한 세상에 살고 있는 우리들에게 이러한 환경, 이러한 일이 생긴다면 나는 어떻게 해야 하는가? 부모가 자식의 하루일과에 관심을 가져준다는 사랑은 자녀들에게 안위를 준다. 그리고 어디서 무엇을 하였는지도 알려는 것은 부모의 심정인데도, 오늘날의 자녀들은 물어보면, "몰라" "왜 물어" 또는 "왜 꼬치꼬치 캐묻느냐"라고 반항하는 세대들에게 주는 교훈이다. 그러나 이 구절은 신부가 되려는 후보들에게 경종이 되는 말씀이다. 오늘 나의 하루 일과를 주님께서 물으신다는 사실이다. "너 오늘 어디 갔었느냐?"라고 물으신다면 우리는 어떤 대답을 할 수 있겠는가? 그리고 "오늘 무엇을 하였느냐?"라고 물으신다는 교훈이다.

너를 돌아본 자에게 복이 있기를 원하노라.(2:19b)

룻이 어디에 가서 일한 것을 시모에게 알게 하여 가로되 오늘 일하게 한 사람의 이름은 보아스다.(2:19b) 룻은 어머니의 질문에 숨김없이 대답하였다. 오늘 일하게 한 사람의 이름은 보아스입니다. 나오미는 보아스가 어떤 사람인지를 잘 알고 있었지만 룻은 보아스에 관하여 아는 바가 없었다. 모압에서 온 룻은 베들레헴의 풍습을 알지 못했기 때문에 그의 이름은 재산 많은 평범한 부자로만 알았기 때문에 대수롭지 않게 보아스라고 하였던 것이다.

　룻은 보아스의 은혜를 고맙게만 여겼을 뿐이지 그가 장차 자기의 기업을 물을 자라고는 생각하지 못했다. 많은 사람들이 하나님의 은혜를 받고 살면서도, 예수님의 은혜를 받고 살면서도 그가 나의 기업을 물을 것으로는 생각하지 아니한다. 이 말씀은 예수님은 우리에게 일하게 하신다는 것이다. 사도 바울은 이렇게 교훈하였다. "우리는 그의 만드신 바라 그리스도 예수 안에서 선한 일을 위하여 지으심을 받은 자니 이 일은 하나님이 전에 예비하사 우리로 그 가운데서 행(일)하게 하려 하심이니라"(엡2:10)하였다. 따라서 신부가 되려는 후보들은 열심히 예수님이 분부하신 영원구원에 전력해야 신부로 합격될 수 있을 것이다.

　예수님께서 오메가(Ω)의 축복자리에 들어갈 어린양의 신부들에게 주신 말씀이 있다. 이 내용을 더 구체적으로 알려주신 말씀이 있다. 오메가의 중요성은 또 있다. 지성소의 장막 뒤로는 대제사장만이 들어가는 곳이다. 묘사함은 측량할 수도 없고 알 수도 없는 지복이다. 알파(A)의 자리는 12사도들로 이미 정해졌다. 그러나 오메가(Ω)의 자리는 아직도 정해지지 않았는데, 이것은 이 세상이 끝날 때까지 이여질 것이다. 그 자리에 앉게 될 사람이 지성소 뒤로 들어가는 축복이다. 그 오메가의 자리는 열둘이 아니라 그 수효는 많고 여러 세기 동안에 많은 민족 중에서 그 자리에 앉게 된다. 그 자리는 마지막 사역에서 종류별로 나누어질 것이므로 그 수효는 종류별의 분류에 따르게 된다. 이 복은 룻에게만 해당되는 것이 아니라 어린양의 신부들에만 주어지는 복이다.

12장. 고난 후에 찾아온 은혜로운 복

나오미가 자부에게 이르되 여호와의 복이 그에게 있기를 원하노라.(2:20a)

나오미는 자부에게 하나님이 주시는 복이 룻을 도운 보아스에게 있다고 한다. 그 복이 어떤 복이겠는가? 후일에 예수님의 조상이 된다는 것을 알았을까? "살몬은 보아스를 낳았고 보아스는 오벳을 낳았고 오벳은 이새를 낳았고 이새는 다윗을 낳았더라"(4:21~22) 라고 성경은 말한다. 예수님은 다윗의 후손이니 여호와의 복이 나오미의 말대로 먼 훗날에 룻에게 이루어졌다는 사실이다.

성경은 말한다. 스스로 돕는 자에게 복이 있다고 마태복음 25장 달란트 비유에서 교훈한다. 어려운 이웃에게 베풀었던 동정은 예수님을 도운 것이라 하였고, 동정을 베풀지 않은 것은 예수님을 외면했다는 교훈이다. 작은 동정이 가져다주는 결과는 하늘의 축복과 지옥의 저주로 갈라진다는 교훈이다.

"찬송하리로다. 하나님 곧 우리 주 예수 그리스도의 아버지께서 그리스도 안에서 하늘에 속한 모든 신령한 복으로 우리에게 복주시되, 곧 창세전부터 그리스도 예수 안에서 우

리를 택하사 위로 사랑 안에서 그 앞에 거룩하고 흠 없게 하시고,"(엡1:3~4)

이 축복의 비밀을 아는 사람만이 하늘의 복을 받을 수 있고, 그 복은 어린양의 신부에게 주어진다. 그래서 말씀에 순종하고 준행하는 것이다. 그것은 자신이 이 세상에 태어난 목적을 알기 때문이다. 우리는 하나님이 만드신 존재들이다(엡2:10). 하나님께서 인간을 만드신 목적은 예수님이 못다 이룬 선한 일을 위하여 지음을 받았다. 따라서 하나님으로부터 지음을 받은 우리는 영원부터 만물을 만드신 하나님 속에 감추어져 있는 비밀을 교회가 조직적으로 추진하게 하였다(엡3:9). 이것이 나오미가 룻에게 여호와로부터 받는 복이라 하였으며, 예수님을 사랑하는 사람들이 받을 지복이 오메가(Ω)다.

그가 생존한 자와 사망한 자에게 은혜 베풀기를 그치지 아니하도다.(20b)

보아스는 살아있는 사람이나 죽은 자에게까지도 은혜를 저버리지 않을 사람이라 하였다. 사실 보아스는 살아 고생하는 나오미와 룻에게 은혜를 베풀었다. 그들에게 은혜를 베푼 것은 죽은 나오미의 남편 엘리멜렉을 도운 것이다. 그리고 룻을 도운 것은 룻의 죽은 남편 말론을 도운 것이다.

예수님은 우리의 기업을 물으시는 분이다. 예수님은 산자와 죽은 자들에게도 같은 은혜를 베푸신다고 성경은 교훈한다. 하나님은 선한 사람이나 악한 사람에게까지 햇빛을 주시고 공기를 주시고 비를 내리시는 분이시다. 그러나 은혜의 시간이 끝나고 심판의 시간이 되면 동일한 은혜는 없기에 "저리로서 산자와 죽은 자를 심판하려 오시리라"고 오심에 대한 약속을 남기었다.

여기에 말하는 '은혜'는 무엇을 의미하는 것일까? 이에 대하여 사도 바울은 "너희가 그 은혜를 인하여 믿음으로 말미암아 구원을 얻었나니 이것이 너희에게서 난 것이 아니요 하나님의 선물이라"(엡 2:8)고 하였다. 바울은 선물은 '구원'이 아니라, '예수님'이라 하였다. 하나님께서 인류를 구원시키시려고 아들을 보내신 것이 은혜다. 그러므로 은혜를 베푸는 사람에게 하나님이 그 사람에게 은혜를 베푸시는 것이다.

> 나오미가 또 그에게 이르되 그 사람은 우리의 근친이니 우리 기업을 무를 자 중 하나이니라.(2:20c)

롯은 시어머니 나오미로부터 점점 이해할 수 없는 말을 듣게 된다. 보아스가 자기들과 가까운 친척이고 또 자기들을 도울 사람이라는 말이다. 모압의 풍습으로는 이해할 수 없는 일이다. 가까운 친척이라는 것은 모압과 다를 바가 없다. 나오미 남편 엘리멜렉에게 많은 친척이 있었다. 그런데 유난히 보아스가 자기들의 어려운 일을 돕는다는 것은 납득하기가 어려웠을 것이다.

나오미에게 선견지명이 있었던 것은 아니다. 보아스가 룻에게 관심을 베푸는 것으로 보아서 다른 친척들은 거절하고 보아스가 책임질 것이라는 확신을 가졌기 때문이다.(4:7~11) 사람은 누구를 만나느냐가 중요하다. 마지막 때에는 지도자와 주변의 동료들을 잘 만나야 된다는 교훈이다. 내 영혼을 책임질 수 있는 지도자와 동료들은 그리 많지 않을 것이다. 어떤 이해관계를 떠나서 나의 영혼을 책임질 분은 누구이어야 되겠는가? 첫째는 예수님이시다. 그리고 나를 지도하는 지도자일 것이다. 그리고 나와 함께 시온으로 갈 수 있는 동료

이어야 된다.

이러한 교훈은 아가서에서 술람미와 예루살렘의 여자들에서 보여 주었다. 솔로몬 왕은 술람미를 '왕궁을 향하여 빨리 달리라' 하였고, 예루살렘 여자들은 왕궁으로 달려가는 술람미에게 '우리에게로 돌아오라'고 왕궁으로 가지 못하게 붙들었다. 솔로몬이 술람미를 왕궁으로 이끌었듯이, 하늘의 왕궁으로 이끄는 진실한 목자를 만나야 한다. 그런데 왕궁으로 달려가는 술람미를 돌아오라고 부르듯이, 휴거되지 못하게 붙드는 지도자들과 신자들이 너무 많다. 그러므로 걸림돌이 되어서는 안 된다는 교훈을 새겨들어야 한다.

모압 여인 룻이 가로되 그가 내게 또 이르기를 내 추수를 다 마치기까지 너는 내 소년들에게 가까이 있으라 하더이다(2:21)

나오미의 말은 들은 룻은 신이 났다. 말하지 않고 감추어두었던 비밀스러운 말을 꺼낸 것이다. "내 추수를 다 마치기까지 너는 내 소년들과 가까이 있으라." 보아스는 룻이 다른 사람에게로 가는 것을 막으려 했던 것이다. 나아가서 가까이 두고 살펴보려했을 것이다. 자기와 함께 살 반려자로 생각했던 보아스는 룻의 행동을 좀 더 지켜보려는 의도였거나 아니면 완전히 결정하고 자기와 결혼할 때까지 떠나지 못하게 하려는 심사로 그렇게 하였을 것이다.

여기서 예수님이 우리들에게 주시는 교훈은 신부가 되려는 후보들에게도 같다는 것이다. 예수님은 우리에게 다른 곳으로 가지 말라고 말한다. 보아스의 소년들이라면 예수님께는 천사들로 묘사된다. 믿은 성도들은 천사들의 곁을 떠나지 말라는 의미이다. 주님께서 저리로서 산자와 죽은 자를 심판하려 오시는 그날까지 다른데, 곧 사단과 결합된 교회(계2:20~)에는 가지 말라고 성경은 교훈한다.

"두아디라에 남아 있어 이 교훈을 받지 아니하고 소위 사단의 깊은 것을 알지 못하는 너희에게 말하노니 다른 짐으로 너희에게 지울 것이 없노라. 다만 너희에게 있는 것을 내가 올 때까지 굳게 잡으라"(계2:24~25)

이 말씀은 예수님께서 주시는 엄중한 경고시다. 현대교회가 사단, 곧 이세벨과 결합되어있고 이세벨의 가르침으로 성도들을 가르치고 있다는 사실이다. 추수 때는 주께서 강림하시는 날이 될 것이다. 그날은 땅에서 구속함을 받은 신자들 중에서 처음 익은 열매로서 휴거되는 어린양의 신부들이다. 룻이 보아스와의 혼인하는 날을 위하여 고통과 역경을 이기듯이 어린양의 신부들 또한 그러하리라는 것이다. 보아스가 룻에게 추수 때까지 소년들에게 가까이 있으라 하였듯이 어린양의 신부가 될 후부들도 떠나지 말고 성령님과 가까이 있으라는 교훈이다. 또한 예수님을 돕는 천사들을 떠나지 말고 그들과 가까이 있으라는 교훈이다.

나오미가 자부 룻에게 이르되 내 딸아 너는 그 소년들과 함께 나가고 다른 밭에서 사람을 만나지 아니하는 것이 좋으니라.(2:22)

룻의 말을 들은 나오미는 자기의 생각이 틀리지 않았음을 확신하였다. 그리고 내린 결론은 다른 밭으로 가서도 안 되고, 다른 사람을 만나서도 안 된다고 강조하였다. 오직 보아스에게 속한 밭에서만 일하고 보아스에게 속한 사람들만 만나라하였다. 그렇게 해야 하는 것은 추수가 끝나면 보아스와 혼례식이 있으리라는 나오미의 판단이다. 이날을 위해 나오미가 얼마나 기다렸는가를 말한다. 그리고 이것이 룻을 위하여 나오미가 원했던 날이었을 것이다.

보아스에게 속한 밭은 예수님에게 속한 밭이라는 의미이다. 또한 보아스의 사람들만 만나라는 의미도 예수님에게 속한 거룩한 성도들과만 만나라는 의미이다. 다른 밭 곧 사단이 경영하는 그런 교회에는 가지 말라는 것이다. 사단에게 속한 사람을 만나지 말라는 뜻이다. 쉽게 말하면 우리들의 주변에는 사단과 연합하여 운영되는 교회들이 너무 많기 때문에 예수님께서 경고하신 말씀이 있다.

"내 충성된 증인 안디바가 너희 가운데 곧 사단의 거하는 곳(Seat)에서 죽임을 당할 때에도"(계2:13)

"자칭 유대인이라 하는 자들의 훼방도 아노니 실상은 유대인이 아니요 사단의 회라"(계 2:9 3:9)

같은 하나님을 섬기며 예수 이름으로 세워진 같은 교회를 험담하고 훼방하는 건물에 모여 예배하는 곳은 교회가 아니라 사단의 모임이라는 경고시다. 이런 곳에 대하여 예수님은 사도 요한은 이세벨로 표기된 사단의 꾀어냄에 빠져서 사단의 지시를 받는 지도자들에게 엄하게 책망하였다.(계2:20) 버가모 교회는 성령님이 함께하는 곳이 아니라 사단이 자리를 잡고 있는 무리라 하였다. 그리고 서머나 교회와 빌라델비아 교회를 향하여 비방하며 훼방하였던 것과 같이 우리 주변에도 그러한 무리들은 교회가 아니라 사단의 사주를 받는 조직이라고 책망한 것이다. 이러한 그들과 가까이 하지 말라는 교훈이다.

그렇게 신앙생활을 하여야 어린양의 신부가 될 수 있으므로 예수님께서 "이 사람들은 여자(사단의 지배를 받는 교회)로 더불어 더럽히지 아니하고 정절이 있는 자들"(계14:4)만이 처음 익은 열매라 하셨다. 이처럼 마귀가 득실거리는 그런 곳에 있으면 자연스럽게 그들의 사상에 오염되고 환경에 휩싸이게 되기 때문이다. 그리고 그러한 사람들과 어울리면 자신의 영혼은 타락되겠기 때문이다.

이에 룻이 보아스의 소년들에게 가까이 있어서 보리추수와 밀 추수를 마치기까지이삭을 주우며 그 시모와 함께 거하니라.(2:23)

이 문맥은 룻의 미래를 위한 결론으로 설명되어있다. 룻은 시어머니 나오미의 분부대로 보아스의 소년들에게 가까이 있었으면서 보리와 밀 추수가 끝날 때까지 다른 밭으로 가지 아니하고 시어머니와 함께 있었다고 끝을 맺는다.

어린양의 신부가 되려는 후보들에게 주시는 중요한 교훈이다. 보리나 밀의 추수는 주께서 영혼을 추수하는 기간을 말한다. 어린양께서 천사들과 함께 큰 나팔소리로 강림하시는 그날까지 사단의머교훈을 받으면서 비방하고 훼방하는 곳에는 가지 말라는 분부시다. 세월따라 바람 따라 세상을 좇아가는 신앙은 주님을 만나지 못할 것이라는 교훈이다. 보아스가 룻을 아내로 맞이하는 날까지 룻은 보아스의 곁에서 떠나지 않았듯이 주님께서 강림하시는 그날까지 주님 곁을 떠나지 아니하는 믿음을 요구하신다.

"볼지어다. 구름을 타고 오시리라. 간인의 눈이 그를 보겠고 그를 찌른 자들도 볼터이요, 땅에 있는 모든 족속이 인하여 애곡하리니 그러하리라. 아멘"(계1:7)

이 말씀과 예수님께서 "인자가 올 때에 세상에서 믿음을 보겠느냐?"(눅18:8)라고 한탄하셨다. 예수님께서 '올 때'와 '세상'과 '믿음' 셋에 중점을 두어야 한다. 올 때는 저리로서 산자와 죽은 자를 심판하러 오시는 강림하시는 시점을 말한다. 세상은 세계에 거주하는 모든 사람을 말한다. 믿음을 보겠느냐? 라는 물음은 심판하려 강림하실 때에 대하여 관심을 가지는 신자들을 없다고 예수님께서 한탄하셨다.

예수님의 한탄은 세상에는 교회들이 많다. 그리고 믿는다며 교회에 다니는 신자들 또한 헤아릴 수 없이 많다, 그러나 그들 모두는 진정으로 믿는 자가 아니라고 하신 말씀이다. 그렇다면 지금 우리가 신앙생활을 하면서 믿는다는 그 믿음은 무엇이란 말인가? 그러기에 예수님께서 "그 날에 많은 사람들이 나더러 이르되 주여 주여하는 자마다 천국에 다 들어갈 것이 아니요 다만 하늘에 계신 내 아버지의 뜻대로 행하는 자라야 들어가리라"(마7:22) 하셨다. 이처럼 믿음이 온전치 못한 그 많은 신자들과는 대조적으로 룻은 인정하시는 믿음을 가진 자라는 것이다.

106

13장. 룻의 결혼을 위한 나오미의 전략

룻의 시모 나오미가 그에게 이르되 내 딸아 내가 너를 위하여 안식할 곳을 구하여 너를 복되게 하여야 하지 않겠느냐(3:1)

나오미는 자부 룻에게 복된 안식처를 위하여 준비 하겠다고 말한다. 나오미의 말에서 "내 딸아~"라고 부르는 호칭은 참으로 고부간의 따뜻한 애정이 넘치는 관계를 보여준다. 그리고 "너를 위하여"라 하였다. 나오미는 자신을 위하지 아니하고 하나 뿐인 자부를 위해 노력하는 모습이 주는 교훈은 아름답다. 그리고 "안식할 곳"이라 하였다. 이 말씀은 우리 주님의 모습에서 그대로 반영되고 있다.

안식처를 '마노아치' 라 한다. 이는 하나님의 나라에 들어감을 의미하는 것이다. 나오미가 룻의 안식처를 마련하듯이 예수님도 우리의 안식처를 마련하신다고 약속하시기를 "내가 너희를 위하여 처소를 예비하려 가노니 가서 너희를 위하여 처소를 예비하면 내가 다시 와서 너희를 내게로 영접하리라"(요14:3)고 하셨다. 또한 히브리서 기자는 "그러므로 우리는 두려워할지니 그의 안식에 들어갈 약속이 남아 있을지라도 너희 중에 혹 미치지 못할 자가 있을까 함이라.(히 4:1)라는 경고와 예수님의 약속을 연계시켜서 믿음을 지켜야 한다. 그런데 시편에서는 "내가 노하여 맹세하기를 저희를 내 안식에 들어오지 못하리라 하였도다"(시95:11)라고 하였다. 안식에 들어가려면 룻의 근면과 성실을 본받으라는 교이다.

그런데 어떠한가! 말로만의 교인이요 신자들이 얼마나 많은가! 그러기에 예수님께서 마지막 때에 살고 있는 교회들을 향하여 믿음이 "차지도 아니하고 더웁지도 아니하다"라고 책망하셨다는 사실이다. 그렇게 된 원인에 대하여 "하나님 앞에 네 행위의 온전한 것이 없다"라고 벌거벗고 있음을 경고하신 다음에, 계속하여 "내가 너를 권하노니 내게서 불로 연단한 금을 사서 [믿음을] 부요케 하고 흰(구원의) 옷을 사서 입어 벌거벗은 수치를 보이지 않게 하라"(계3:18)고 하셨다. 오늘날 교회들이 하나님을 위한 행위는 없고 입으로만 믿음을 강조한다는 말이다.

네가 함께하던 시녀들을 둔 보아스는 우리의 친족이 아니냐. 그가 오늘 밤에 타작마당에서 보리를 까불리라.(3:2)

보아스는 나오미의 친척이므로 나오미의 친척은 곧 룻의 친척이다. 그런데 그날 보아스가 타작마당에서 보리를 까부는 것을 설명한다. 그것도 밤에 말이다. 타작마당에서 보리를 까분다는 의미는 무엇을 말하는 것일까? 추수의 절정을 의미한다. 이 밤을 준비하라는 것이다.

주님께서 오시는 때를 밤이라고 자주 강조하셨다. "허리에 띠를 띠고 등불을 켜고 서 있으라."(눅12:35) 하시고, "주인이 혹 2경에나 혹 3경에 이르러서도 종들이 이같이 하는 것을 보면 그 종들은 복이 있으리로다."(눅12:38)라고 밤이라는 시점에 주의를 불러일으키셨다. 예수님은 우리의 친척이상이다. 우리의 아버지시다. 우리의 구원자시다. 마지막 추수 때에 우리를 데리려 오시는 가장 가까운 신랑이시다. 그런데 그분은 시간적인 밤보다는 영적인 밤인 어두움을 말하는 것이 아닐까? 지금이 그처럼 영적으로 어둔 시대라는 것이다.

그런즉 너는 목욕하고 기름을 바르고 의복을 입고 타작마당에 내려가서 그 사람이 먹고 마시기를 다 하기까지는 그에게 보이지 말고(3:3)

나오미는 자부 룻에게 보아스를 만날 준비를 시켰다. 그 준비의 첫 번째가 목욕을 하라고 하였다. 두 번째가 기름을 바르라 하였다. 세 번째는 의복을 입으라 하였다. 그리고 보아스가 먹고 마시기를 끝나기까지는 자신을 노출시키지 말라고 당부하였다. 이 내용은 신부가 되려는 후보들에게 중요한 의미를 담고 있다.

첫째로 룻이 일터에서 더럽진 몸을 깨끗하게 씻어야 되듯이, 신부가 되려면 자신의 영혼과 몸가짐을 깨끗하게 하라는 교훈이다.(살전5:23)

둘째로는 룻이 기름을 발라서 단정하게 하듯이, 얼굴도 치장해서 아름답게 단장해야 된다. 화장을 하지 아니하고 결혼식에 들어가는 신부는 없다. 신부가 되려면 성령의 기름으로 자신의 내면을 아름답게 가꾸어야 한다는 교훈이다.

셋째는 룻이 의복을 입듯이, 신부가 되려면 의의 겉옷($\sigma\tau o\lambda\acute{\eta}$)을 입어야 된다는 교훈이다. 이것이 신부로서 갖추어야 할 준비라는 교훈이다.

　이러한 준비의 영적의미는 어떤 것일까? 몸가짐을 깨끗하게 하려면 영과 혼을 담고 있는 그릇이라는 육신이 깨끗해야 한다. 그것은 물로 씻어 깨끗함이 아니다. 부정한 곳이거나 그러한 것과 가까이 하지 말라는 뜻이다. 기름을 말라서 단정하게 하는 것은 흐트러짐만은 아니다. 기름으로 단정하게 하는 것은 영의 사람으로 이루어지라는 의미이다. 그리고 옷을 입으라는 문제에는 두 가지 옷이 있다. 리논이라는 옷은 구원의 옷이다. 구원의 옷이 입혀진 사람은 혼례식에 입는 드레스가 되도록 두루마기로 Up grade 시켜야 강림하실 때 들림을 받아진다는 교훈이다.

　그가 누울 때에 너는 그 눕는 곳을 알았다가 들어가서 그 발치 이불을 들고 거기 누우라. 그가 너의 할 일을 네게 고하리라.(3:4)

　이 구절은 얼굴을 붉힐 내용이다. 그러나 육적인 관점으로 보지 말고 영적으로 보아야 은혜가 된다. 나오미는 자부 룻이 앞으로 함께 살게 될 보아스와 계약을 성사시키는 일이다. 이러한 계약관계는 장래를 약속하는 관계이므로 보아스는 룻을 아내로 맞아드려야 하는 계약관계다. 따라서 룻이 보아스를 찾아가는 내용은 신부 후보들에게도 같은 조건으로 적용되는 교훈이다. 나오미가 젊은 자부에게 오늘밤에 보아스와 육체관계를 가지라는 말이 "보아스의 발치에 가서 누우라"고 기록한 것이다. 이 교훈은 믿는 신자들에게는 예수님 곁에 누우라는 말씀에서 몇 가지 교훈을 얻을 수 있다.

　첫째는 사람은 누울 자리와 누워서는 안 될 자리를 알아야 한다는 교훈이다.

둘째는 예수님을 자신의 구주로 믿는 다면 어린양이신 주님을 찾아가라는 교훈이다. 대부분의 신자들이 주님이 자기에게 오시기만을 기다릴 뿐이지 찾아가는 수는 적다. 그래서 사도 바울은 예수님을 찾아가는 신자가 주님이 오실 때 붙어있는 열매라 하였다.

셋째는 발치에 누우라는 말의 의미는 주님의 발치이상으로 올라서지 말라는 뜻이다. 이는 겸허를 말하며 그 이상은 교만이라는 교훈이다.

넷째는 그러한 겸손으로 찾아가서 주님 곁에 붙어있는 자에게 신부로 합격된다는 교훈이다.

룻이 시모에게 이르되 어머니의 말씀대로 내가 다 행하리이다.(3:5)

룻이 고향을 떠나 나오미를 따라올 때 "만일 내가 죽는 일 외에 어머니와 떠나면 여호와께서 내게 벌을 내리시고 더 내리시기를 원하나이다."라고 신앙고백을 하였다. 그러기에 룻이 어머니 나오미가 일러준 말씀대로 하겠다."라고 한다. 이는 순종을 말한다. 순종은 내에게 좋건 싫건 시키는 일을 무조건 준행할 때만이 순종이 된다.

룻이 보아스에게로 찾아가듯이 신부후보들도 신랑이신 주님의 말씀에 순종하고 따르라는 교훈이다. 요한 계시록에 이렇게 기록되어 있다. 요한 계시록에는 땅에서 구속함을 얻은 첫 열매는 144,000명이라고 기록되어 있다. "어린양이 어디로 인도하든지 따라가는 자"라 하였다. 따라서 어린양의 신부가 되려는 후보들은 항상 주님을 찾아가는 생활로서 겸손하게 주님의 발치에서 떠나지 아니하고 시키는 말씀이 내게 이롭거나 이롭지 않더라도 순종하라는 교훈이다.

14장. 옷자락으로 나의 처소를 만드소서

"그 아내가 예비하였으니 그에게 허락하사 빛나고 깨끗한 세마포($\beta\acute{\nu}\sigma\sigma\iota\nu o$s)를 입게 하셨은즉 이 세마포는 성도들의 옳은 행실이로다 하더라."(계)

룻기서 3장 6~10절까지는 나오미의 분부를 받았던 룻은 어머니의 말씀대로 준행함을 보여주는 내용으로 기록되어있다. "명한대로 다 하겠다"는 구절은 모든 믿는 자들에게 주는 교훈이지만, 어린양의 신부가 되려는 후보들에게는 더더욱 그러하다. 여기서 룻은 "어머니의 말씀대로 내가 다 행하리이다."라고 어머니의 말씀을 귓등으로 듣지 아니하고 명령으로 들었다. 룻이 어머니의 말씀을 '부탁'으로 들은 것이 아니라 '명령'으로 들었다. 그러기에 '한 마디의 내용이라도 변개시킬 수 없다'라고 생각하였다. 이 말은 여호와께서 아담에게 내리신 명령을 준행하지 않았던 결과로 인하여 하나님 앞에서 쫓겨나게 되었다는 역사를 나오미로부터 잘 들었던 룻이다.

따라서 어린양의 신부가 되려는 후보들도 주님께서 하시는 지시($\sigma\eta\mu\alpha\acute{\iota}\nu\omega$)는 반드시 준행해야 신부의 자리에서 쫓겨나지 않게 된다. 그런데 계시록 7장에서 보면 믿는 신자들이 헤아릴 수 없이 많은 무리가 신부가 되지못하고 환난에 쫓겨나서 처참하게 죽임을 당한 후에 첫째하늘나라 낙원에 들어간다고 기록되어있다. 그것은 주님께서 주신 명령, 곧 지시대로 준행하지 않았기 때문이라고 기록되어있다. 또 한편으로는 짐승의 이름으로 주는 짐승의 표를 받지 말도록 가르치라고 지시하셨는데도 이러한 것을 가르치지 않는 목사들과 그들의 가르침을 받는 신자들도 신부의 자리에서 쫓겨나는 것은 물론이다. 나아가서는 짐승의 표를 받게 되면 영원히 꺼지지 아니하는 유황불 못에서 고난을 당한다고 경고하셨음을 명심하고 주님의 분부대로 준행하는 자가 되라는 교훈이다.

그가 타작마당으로 내려가서 시모의 명한대로 다 하니라(3:6)

룻은 어머니의 분부에 아무런 불평이나 이의를 제기하지 않았다. 명한대로 실행하겠다고 다짐하였다. 고향을 떠나서 친정을 떠나왔을 때에는 말할 수 없이 고생을 하였다. 베들레헴에 와서도 하루도 쉬지 아니하고 한 번도 어머니의 말씀을 거부한 일이 없었다. 오직 자기 앞에 주어진 일어만 전력했던 모범을 보여주는 교훈이다.

타작이라는 뜻은 한 해 동안 수고하고 노력한 것을 거두어드리는 결실기를 말한다. 이때는 농장의 주인이나 일군들도 가장 힘든 때이지만 다른 한편으로는 가장 바쁜 때요 가장 기쁜 때이기도 하다. 타작이란 지은 농사의 결과물을 거두어드림을 말하다. 그간 그렇게도 고생하고 수고한 보람이 룻 앞에 보이는 때였다. 룻은 미련할 정도로 어머니의 말씀에 순종하는 사람이었다. 성경은 부모를 사랑하는 자

는 복을 받으리라 한다. 어머니를 섬기는 룻의 앞에는 복이라는 시간
이 주어진 것이다. 이처럼 룻 앞에 보이는 복은 그녀가 어머니를 극
진히 섬겼던 보상이 하나님으로부터 주신 것이라는 교훈이다.

보아스가 먹고 마시고 마음이 즐거워서 가서 노적가리 곁에 눕는지라. 룻이 가만히 가
서 그 발치 이불을 들고 거기 누웠더라.(3:7)

보아스가 노적가리(한데에 쌓아둔 곡식)에서 잠들었을 때에, 룻은
가만히 보아스의 발치에 누었다. 가만히는 조심스럽게라는 뜻이다.
성경은 너는 하나님 앞에서 잠잠하라는 내용들이 많다. 발치라는 뜻
은 주의 발 앞에서 잠잠한 자에게 복을 내리시는 주님의 모습을 보여
준다. 이불에 대하여는 사사기를 보면 야엘(긍휼이라는 뜻)이 전쟁에
서 패하고 고생하면서 돌아온 시스라를 영접하고 이불을 덮어주었다
는 내용이 있다.(삿4:18) 그리고 누움에 대하여하는 시편기자는 여
호와 하나님께서는 인생의 길과 눕는 것을 감찰하시고 모든 행위를
아신다 하였다(시139:3) 하나님은 사랑하는 자를 푸른 초장에 누이
신다고 다윗왕은 말한다.(시23:2)

이 구절이 신자들에게 주는 교훈은 사람이 어떠한 허물로 인하여
시련과 고행이 있을지라도 주님 앞으로 달려오라는 교훈이다. 주님
을 찾아오는 행위자체가 회개이기 때문에 주님은 그런 사람을 사랑
하신다. 허물에 대하여 구차한 변명을 늘어놓지 말고 잠잠히 그의 발
앞에 엎드리면 주님으로부터 긍휼함을 받게 된다. 그리고 자신의 영
혼을 푸른 초장, 곧 시온의 영광으로 안식처를 허락하신다는 교훈이

다. 특별히 룻이 보아스의 발치의 끝자락에 누었다는 내용은 어린양의 신부가 되려고 예수님을 찾아가는 후보들에게는 요긴한 말씀이다. 룻이 보아스의 발치를 찾아가듯이 거룩한 성도들도 예수님의 발치를 찾아가고 있음을 알아야 한다.

밤중에 그 사람이 놀라 몸을 돌이켜 본즉 한 여인이 자기 발치에 누웠는지라. (3:8)

보아스가 자신의 발치에 함께 누어있는 한 여인을 보고 놀람은 무엇을 의미하는가? 한 밤중에 취중에서 잠에서 깬 보아스가 몸을 뒤척이다가 룻을 발견하였다. 또한 술에 취한 상태에서 깨어난 후였다. 잠결에는 룻인지를 몰랐을 것이다. 또한 밤에 무슨 일이 있었는지 생각할 시간도 없이 "누구냐"고 물었다. 어찌 보면 이러한 룻의 행동은 저돌적이면서 가치 없는 여자의 행동일수도 있다. 그러나 룻의 행동에 대하여 보아스의 관대한 모습을 보여주는 내용은 우리를 사랑하시는 주님의 모습에서 찾아볼 수 있는 교훈이다.

이 말씀이 우리에게 보여주는 교훈은 참으로 중요하다. 예수님은 하나님의 아들로서 인류를 구하기 위해 세상에 오셨다. 그러나 어두움의 세력은 그냥두지 않았다. 예수님을 잠자리는 곡식가리가 아니라 차가운 돌무덤이었다. 아리마대 사람 요셉이 자신을 위하여 준비해 놓았던 무덤이다. 차가운 바위무덤에 누여진 예수님의 발치로 찾아간 사람은 누구였는가? 아무도 없었다. 예수님과 동거 동락했던 사도들도 그곳엘 찾아가지 않았다. 보아스가 술에 취해 잠들었듯이 예수님도 많은 영혼들의 피에 취하여 차가운 돌무덤 속에 잠들었다는 사실이다.

룻이 보아스의 발치에 누었다는 의미는 누구든지 구원자이신 예수님의 발 앞으로 찾아오라는 의미다. 그리고 예수님 앞으로 나아오는 그 차체가 주님의 발치에 눕는다는 뜻이다. 이사야선지는 "땅은 나의 발등상이라"(사66:1) 하였고, 시편기자는 "그 발등상 앞에서 경배할찌어다."(시99:5)라는 말씀처럼 우리는 항상 주님의 발치에 있으므로 누구든지 주님 앞으로 나아오는 자는 다 주님의 발치에 누울 자격이 있다. 따라서 어린양의 신부가 되려면 신랑이신 주님 앞으로 나아와야 신부가 될 수 있다는 교훈이다.

가로되 네가 누구뇨. 대답하되 나는 당신의 시녀 룻이오니 당신의 옷자락으로 소녀를 덮으소서. 당신은 우리 기업을 무를 자가 됨이니이다.(3:9)

동틀 무렵에 자다가 깨어난 보아스는 놀랐고 놀람에서 내뱉은 소리가 "너는 누구냐?"라고 외쳤다. 보아스의 질문에 룻은 "나는 당신의 시녀"라고 하였다. 시녀라는 '시프차하'는 왕궁의 내명부에 오르는 순위를 뜻한다. 이 말씀에서 신부후보들은 감탄하는 탄성으로 할렐루야로 외쳐야할 것이다. 룻이 그토록 고생하며 보아스의 밭 언저리를 떠나지 않았던 것은 왕궁의 내명부에 올리려는 목적을 이루려 했던 것이다. 룻이 보아스의 옷자락으로 덮어달라고 요청하였다. 옷자락으로 표기된 '카나프'는 속옷위에 걸치는 겉옷인데, 이사야선지는 신부에게 입혀지는 드레스($\beta\acute{v}\sigma\sigma\iota\nu$os)라고 하였다.(계19:8) 그리고 덮으라는 '파라스'는 나의 처소로 만들어 달라는 뜻이다.

이것을 당신은 우리의 기업을 무를 자라고 한 것이다. 기업이란 어떤 의미가 담겨져 있는가? 나첼이라는 기업은 죽은 엘리멜렉의 상속 자였던 말론과 기룐이 죽었으니 그들을 대신하는 상속자를 말한다. 그러니 룻은 죽은 말론의 족보에 올려진 자신을 보아스의 족보에 올 려놓으라는 것이다. 법적상속자가 되라는 말이다. 이 사실은 4장 22 절에서 입증되었다.

예수를 구주로 믿는 성도들이라면 이러한 목표는 당연할 것이다. 성도들이 바라는 하늘나라 왕궁의 내명부는 무엇을 의미하는가? 또 우리가 그토록 사모하던 내명부에 내 이름이 올려 질 수 있겠는가? 이처럼 간절한 열망으로 예수님의 발치로 찾아가는 사람만이 그 목 표를 이루게 될 것이다.

룻이 보아스에게 이른 말을 신부후보들의 입장으로 정리하여야 한 다. '주님, 내 이름을 어린양의 신부가 될 수 있는 명단에 기록해 주 시고, 나에게 신부에 입혀지는 드레스를 입혀주소서' 라는 뜻이다. 이에 대하여 예수님께서 "그에게 허락하사 빛나고 깨끗한 세마포 (βύσσινos)를 입게 하셨은즉 이 세마포는 성도들의 옳은 행실이로 다."(계19:8)라고 하였다. 브씨노스가 입혀지는 것은 룻처럼 옳은 행 실이라야 입혀진다는 뜻이다.

다음은 '파라스' 라는 단어는 처소문제를 말한다. 나의 처소를 예 루살렘에 마련하소서가 된다. 룻이 이렇게 되는 데에는 어머니의 분 부대로 준행했기 때문이다. 따라서 어린양의 신부가 되려는 후보라 면 반드시 주님께서 지시하신 분부대로 준행해야 신부로 합격될 수 있다는 교훈이다.

가로되 내 딸아 여호와께서 네게 복주시기를 원하노라. 네가 빈부를 무론하고 연소한 자를 좇지 아니하였으니 너의 베푼 인애가 처음보다 나중이 더하도다.(3:10)

룻의 간청을 받아드린 보아스는 하나님 여호와의 이름으로 룻에게 복을 빌어주었다. 보아스가 빌어준 복이 훗날 예수님의 조상이 되리라는 것을 보아스나 룻은 예상치 못했던 일이다. 그러나 의인의 간구와 기도를 들으시는 하나님께서 두 사람의 간구와 기도를 받으시고 그대로 후일에 이루어 주셨다. 보아스가 룻에게 복을 빌어준 것은 빈부를 가리지 아니하고 젊은 남자를 찾아가지 않았음을 가엽게 여겼기 때문이다. 또한 최선의 노력으로 베푼 인애를 보았기 때문이었다.

여기서 우리가 주님으로부터 복을 받을 수 있는 비결을 알려주셨다. 사람들은 빈부에 차별을 두기도 한다. 그러나 예수님은 빈부를 가리지 않으신다. 따라서 신부가 되려면 빈부를 가리지 말아야 한다. 연소한 사람이라는 의미는 젊은 사람이라는 뜻인데, 이는 육정을 의미한다. 따라서 신부가 되려면 육신이 원하는 사랑을 떨쳐버리고 오직 신랑이신 예수님만 사랑하고 사모해야 한다. 인애는 인자함과 사랑이다. 인자(仁慈)의 반대는 속임수로 남에게 해를 끼치는 포악함이다. 이런 사람은 신부가 될 수 없기에 신부가 되려는 후보들에는 인애가 요구된다. 사랑은 아가페 그대로 하나님의 계명대로 준행하라는 뜻이다. 따라서 하나님의 계명을 준수하지 아니하는 사람은 신부가 될 수 없다는 사실을 깨달아 한다. 예수님께서도 나는 인애를 원하노라 하셨다. 따라서 어린양의 신부가 되려면 사람들에게 인애를 베풀어야 한다는 교훈을 잊지 말아야 한다.

15장. 내가 네 소원대로 다 행하리라

　사도 바울은 주어진 직무를 완성하고 다음과 같이 정리하였다. "내가 선한 싸움을 싸우고 나의 달려갈 길을 마치고 믿음을 지켰으니 이제 후로는 나를 위하여 의의 면류관이 예비 되었으므로 주 곧 의로우신 재판장이 그날에 내게 주실 것이니 내게만 아니라 주의 나타나심을 사모하는 모든 자에게니라."(딤후4:7~8)라고 하였다. 이 말씀은 어린양의 신부가 되려고 힘쓰고 애쓰는 자들만이라고 하였다. 사모함이라는 '뜻한 바를 스스로 이룸'을 말한다.

　이처럼 자신이 서원했던 뜻(어머니의 백성이 나의 백성이 되리라)을 이루려고 모진 고생을 하였다. 보아스는 룻이 원하는 소원을 다 이루어주겠다고 다짐하였다. 그녀의 소원은 보아스와 결혼하는 일었다.

　내 딸아 두려워 말라 내가 네 말대로 네게 다 행하리라.(3:11a)

　보아스는 룻이 요구한 것을 다 들어 주겠다 하였다. 그러면 룻은 무엇을 간청하였는가? ①"나는 당신의 시녀라 하였다." 이는 보아스와 결혼하겠다는 사랑의 고백이다. ②"당신의 옷자락으로"라는 말은 보아스와 결혼하는 날 입게 될 신부드레스를 입혀달라는 요청이다. ③"덮으소서"라는 뜻은 룻 자신이 살 수 있는 처소를 만들어 달라고 요청하였다. 이 셋은 어린양의 신부가 되려는 후보들에게 좋은 교훈이 될 것이다.

첫 번째는 룻이 보아스의 발치에서 자기와 결혼해 달라고 사랑을 고백했던 것처럼, 어린양의 신부후보들도 주님의 발 앞에 엎드려서 어린양과 결혼하겠노라고 사랑을 고백하라는 교훈으로 삼아야 한다. 이 교훈을 솔로몬 왕은 "사랑은 많은 물이 깨치지 못하겠고, 홍수라도 엄몰하지 못하나니 사람이 그 온 가산을 다 주고 사랑과 바꾸려 할지라도 오히려 멸시를 받으리라."(아8:7)라고 하였다.

두 번째는 룻이 보아스에게 결혼드레스를 요구했던 것처럼 신부후보들도 신랑이 되실 주님께 혼인식 날에 입을 세마포(드레스)를 입혀달라고 간청하라는 교훈으로 삼아야 한다. "그에게 허락하사 빛나고 깨끗한 세마포($\beta\acute{u}\sigma\sigma\iota\nu o$s)를 입게 하셨은즉 이 세마포는 성도들의 옳은 행실이로다 하더라."(계19:8)라고 행실이 옳아야 입혀준다고 하였다. 브씨노스는 하늘나라의 모든 자들이 입어야 될 흰옷과는 다르다. 오직 어린양의 신부들만이 입혀지는 의롭고 깨끗한 결혼드레스를 브씨노스라 한다.

세 번째는 룻은 보아스에게 자신의 처소를 만들어줄 것을 요청했듯이, 신부후보들도 주님에게 새 예루살렘에 처소($\tau\acute{o}\pi o$s)를 지어달라고 간청하라는 교훈으로 삼아야 한다. "내가 가면 너희를 위하여 처소를 예비하면, 내가 다시 와서 너희를 내게로 영접하여 나 있는 곳에 너희고 있게 하리라."(요14:3) 라는 약속이 이루어지도록 살아야 한다. 처소라는 토포스($\tau \acute{o} \pi o s$)는 집이라는 거처도 되지만 계급이라는 지위로도 함께 쓰인다. 따라서 새 예루살렘에 처소가 지어지는 사람에게는 어린양의 아내라는 지위까지 얻게 된다. 성경은 이렇게 말한다. "내 이름으로 무엇이든지 내게 구하면 내가 시행하리라" 하였으므로 우리는 룻처럼 주님께 간청해야 한다.(요14:14)

네가 현숙한 여자인줄 나의 성읍 백성이 다 아느니라.(11b)

보아스가 룻이 현숙한 여자임을 성읍백성이 다 안다고 하였다. 성읍의 모든 사람들이 입에 침이 마르도록 룻을 칭찬하는 모양이다. 현숙한 여인에 관하여는 솔로몬 왕이 잠언에서 설명하였다. 현숙함이라는 말은 어질고 정숙하다는 뜻이다. 어질다는 의미는 마음이 너그럽고 성질이 인자하다는 뜻이다. 정숙하다는 의미는 여자의 행실이 곧고 마음씨가 맑다는 뜻이다. 이처럼 룻은 마음이 어질고 여자로서의 행실이 맑았다. 이러한 그녀의 소문은 보아스 뿐만 아니라 온 베들레헴에 알려졌다. 그리고 그녀의 이러한 평판은 보아스에게도 알려졌다.

예수님도 이처럼 어진 사람이라야 신부가 될 수 있고, 또 정숙한 사람이라야 신부가 될 수 있다고 룻을 통하여 교훈하는 것이다. 그렇다면 후보로서 어린양의 신부가 되겠다는 나는 어떤 성품의 사람인가? 말로는 신부라고 하면서도 성질이 어질지 못해서 남에게 피해를 주는 간악한 사람이라면 신부가 될 수 있겠는가? 안 된다. 이것은 거듭남의 한 부분이다. 자신의 속사람을 바꾸지 아니하는 한 어린양의 신부가 될 수 없다. 또한 행실이 고와야 되는데 살아가는 행동이나 말, 그리고 일하는 모든 뒤에는 남의 얼굴을 찌푸리게 하는데 어떻게 신부가 되겠는가? 나아가서는 속이고 기만하고 남의 것을 마음대로 도적질 하는 그러한 사람이라면 신부가 될 수 있겠는가? 안 된다. 그래서 어린양의 신부가 되려는 후보라면 룻의 성품과 행실을 닮아야 한다고 하는 것이다.

참으로 너는 네 기업을 무를 자가 나보다 더 가까운 친족이 있으니 이 밤에 여기서 머무르라(3:12)

이스라엘의 풍습중의 하나가 어려운 환경에 처한 친척이 있으면 그들의 장래를 책임져야 할 사람이 그들의 몫을 감당하게 된다. 그러기에 보아스는 룻의 장래를 책임질 사람은 자기가 아니라 다른 사람도 있다고 하였다. 그러면서도 룻을 자기 곁을 떠나지 말고 밤을 함께 있으라고 붙잡아두었다. 그들 가족의 장래문제를 책임질 가까운 친척이 따로 있다면서도 룻을 붙잡고 아침까지 함께 있으라는 의미는 무엇일까? 보아스는 밤중에 룻이 자기 발치에 누운 것을 발견하고 놀리면서 물었을 때 룻으로부터 그녀의 소원을 들었다. 그리고 보아스는 그 일을 자기가 실행하겠다고 약속하였다. 그 약속을 이루어주기 위해 밤을 함께 지냈다. 그리고 그 일에 대한 책임을 지겠다는 고백이 여호와의 이름으로 그녀에게 축복까지 빌어주었다.

사람의 말에는 책임이 따라야 한다. 우리에게 기업을 무를 자는 육적인 친척이 될 수도 있다. 그러나 그들보다 더 가까운 분이 있다. 그분이 우리 주 예수 그리스도이시다.

예수님이 우리의 기업을 무르셔야 할 분이시라는 이유를 성경에는 분명하게 명시되어 있다. 우리는 하나님께서 만드신 존재다. 우리를 만드신 목적은 하나님의 아들 예수님과 함께 일하라고 만드셨다(엡 2:10). 그 일이란 만물을 만드시기 이전부터 하나님의 뜻을 이루는 것이다(엡3:9). 그분의 뜻을 이루어주는 사람들을 위하여 하늘의 기업을 주기로 하였다(엡1:3~5). 이러한 축복을 주시려고 예수님이 이 세상에 오셨다. 이것이 예수님이 우리의 기업을 무르실 분이시라는 말씀이다. 그러므로 어두운 이 밤을 예수님 곁을 떠나지 말고 영광의 아침이 올 때까지 기다려야 한다.

그 기다림은 2천년이라는 세월이 흐르는 동안에 세상에는 무수한 변천(變遷)이 계속되었다. 이처럼 기복이 많은 역사의 흐름 속에서 예수님의 몸인 교회는 초기에 지니고 있었던 힘을 잃어버렸다. 하나님은 그 이유가 무엇인지를 우리에게 묻지 않으셨다. 그렇지만 하나님의 아들들인 성도들 중에는 예수님의 몸에서 힘이 빠진 것을 알고 있는 사람들이 있다. 그러기에 그들은 온 힘을 다하여 죽기를 각오하고 힘을 되찾기에 노력하고 있다. 그것은 인간의 힘으로 되는 것이 아니다. 하나님의 아들이 강림하시는 그날까지 사모하며 거룩하고 의로운 옷을 입고 밝음이 오는 그날까지 기다리는 것이다.

아침에 그가 기업 무를 자의 책임을 네게 이행하려 한다면 좋으니 그가 그 기업을 무를 자의 책임을 행할 것이니라.(3:13)

룻은 보아스의 노적가리 안에서 밤을 함께 지내고 날이 밝아오자 일어나서 집으로 가려하였다. 그것은 나오미의 치밀한 구상대로 룻은 해냈기 때문에 떠나야 했다. 그런데 보아스가 룻을 아침까지 붙들어 두고 함께 있으면서 룻의 장래를 책임질 사람은 자기가 아니라 다른 사람이라고 말해준다. 책임질 수 없으면서 어째서 밤을 함께 할 수 있느냐? 하는 의혹도 일어날 수 있는 대목이다. 그러나 말씀의 내용은 그렇게 기록되어 있는데 문맥대로 해석해서는 안 된다.

성경에는 없으나 보아스의 말을 들은 룻이 가만히 있지 않았을 것이다. 분명히 룻으로부터 거센 반발이 있었을 것은 보아스의 답에서 그것으로 추측할 수 있다. 나오미와 룻의 장래를 책임질 사람이 따로 있듯이 우리에게도 장래를 책임질 분이 따로 있다. 그분은 여호와 하나님이시다. 그러한 의미에서 주님께서 먼저 우리의 장래문제를 아버지께 물어보는 것이 순서일 것이다. 성경은 이렇게 말한다. "내가 이것을 너희에게 이름은 내 기쁨이 너희 안에 있어 너희 기쁨을 충만하게 하려함이니라."(요15:11)고 하셨다. 분명히 예수님께서 우리의 기업을 무르실 책임자이시다. 그러나 그 책임을 지키도록 하는 것은 우리 몫이라는 사실을 망각하면 안 된다. 우리 몫에 대하여 바울 사도는,

"내가 선한 싸움을 싸우고 나의 달려갈 길을 마치고 믿음을 지켰으니 이제 후로는 나를 위하여 의의 면류관이 예비 되었으므로 주 곧 의로우신 재판장이 그날에 내게 주실 것이니 내게만 아니라 주의 나타나심을 사모하는 모든 자에게니라."(딤후4:8)

이 말씀에 우리 몫이 설명되어있다. 심판주가 강림하는 그날까지 믿음을 저버리지 말아야 한다. 심판주의 강림하시는 그날까지 어두움과 싸워야 한다. 어두움은 사람을 활용한다. 그렇다고 사람을 미워해서는 안 된다. 그렇게 해야하는 것은 의로운 면류관이 주어지기 때문에 선한 싸움으로 승리해야 한다. 영화로운 면류관을 빼앗기지 말

아야 한다. 어린양의 신부후보는 자신의 몫을 다 준행하였을 때 비로소 예수님은 우리 기업을 물으시기 위해 강림하여 데려가신다.(살후 1:10)

만일 그가 기업 무를 자의 책임을 네게 이행코자 여호와의 사심으로 맹세하노니 내가 기업을 물을 자의 책임을 네게 행하리라. 아침까지 누울지니라.(3:13)

보아스는 나오미와 가까운 친척 한 사람이 있으나 그가 이러한 책임을 감당하지 않을 사람으로 짐작하는 것이 틀림없었다. 한 마을에서 자라서 쭉 보아온 사람이었으며 또는 친척중의 한 사람이었기 때문에 그에 대하여는 누구보다도 소상히 알고 있었을 것이다. 그러기에 "그가 기업 무를 자의 책임을 네게 이행코자 아니하면"이라 했던 것이다. 이 문맥에서 보아스가 룻을 아침까지 붙들어 두었던 것을 알 수 있다.

보아스가 아침까지 룻을 붙들어 두었듯이 우리 주님도 아버지의 허락을 받기까지 우리를 당신의 곁에 붙들어 두신다. 우리는 원래는 아버지의 책임에 있었으나 아버지께서 모든 것을 아들에게 주실 때 우리까지도 포함시키셨다. 우리를 당신의 곁을 떠나지 말라고 하시는 것은 우리의 장래를 책임지려하기 때문이다. 이러한 책임문제에 대하여 성경은 이렇게 말한다. "내가 비옵는 것은 저희를 악에 빠지지 않게 보전하시기를 위함이라" 하시면서 계속하여 "진리의 성령이 오시면 그가 너희를 모든 진리가운데로 인도하시며 장래 일을 너희에게 알리시리라" 하였다.

16장. 혼인이 성취되기까지 쉬지 않으리라

룻이 새벽까지 그 발치에 누웠다가 사람이 피차 알아보기 어려울 때에 일어났으니, 보아스의 말에 여인이 타작마당에 들어온 것을 사람이 알지 못하여야 할 것이라 하였음이라.(3:14)

보아스는 룻과 함께 밤을 지냈다. 날이 밝기까지 붙들어 두었던 룻을 사람들이 오기 전에 보내주어야 했다. 혹이라도 사람들이 보았을 때는 열애설로 인하여 자기가 하려는 일이 잘못될 수 있기 때문에 룻에게 "여인이 타작마당에 들어온 것을 사람이 알지 못하여야 할 것이라"고 하였다.

이것이 과연 우리에게 보여주는 교훈이 될 수 있을까? 하나님의 말씀은 우리에게 교훈이 되지 않음이 없다. 다만 우리가 어떤 생각으로 보느냐에 따라서 해석을 달리하게 된다. 그러나 글을 쓰는 나 자신은 상당한 교훈을 받았다. 보아스는 자기가 룻과 약속한 일을 이루기까지는 열애설로 인하여 일을 그르칠 수 있기 때문에 이러한 소문을 차단하려는 의중에서 누구든지 알지 못하게 해야 하였다.

126

따라서 신부후보들도 자신이 어린양의 신부로 완전히 결정되기까지는 그 비밀을 유지하라는 교훈이기 때문이다. 그렇게 해야 되는 것은 그것을 사람들에게 알려졌을 때 마귀는 어떤 방법을 동원시켜서라도 신부가 되지못하게 훼방하기 때문이다. 이런 일은 우리가 시시때때로 경험하고 있다. 그것은 마귀의 사람들은 신부후보들에게 '잘못된 믿음' '이단들' '시한부종말론 자들' '세대주의자들' 등등으로 비방하고 있기 때문에 자신에게 주어진 복을 발설하지 말라는 교훈이다.

보아스가 가로되 네 겉옷을 가져다가 펴서 잡으라.(3:15a)

보아스는 타작된 보리알곡을 룻에게 주겠다고 한다. 그런데 룻에게는 그것을 담아갈 그릇이 없었다. 보아스의 은총은 이루어지는데 그것을 받을 만한 그릇이 없는 룻을 보는 보아스는 그녀의 겉옷을 생각하고 그 옷에 담아주려 한다. 그리고 여섯 번씩 되어주면서 머리에 이워주까지 하였다. 이 줄거리는 우리 주님께서 당신을 사랑하는 신부후보들에게 향하는 연민과 베푸심을 보아스를 통하여 보여 주신다.

"네 겉옷을 가져와라". 겉옷이 주는 교훈과 그 옷을 가져오라는 교훈은 어떤 의미로 은혜를 받아야 될까? 당시에는 여인들의 겉옷은 자신의 얼굴과 몸을 가리는데 쓰였다. 그것을 벗으면 얼굴이 노출된다. 주님 앞에 자기를 감추는 사람은 어린양의 신부로서 합당치 않다. 룻처럼 주님 앞에서는 자기를 들어내야 복을 주신다. 오늘날 사람들이 신부라고 자부하면서 얼굴을 들어내지 않는 사람들이 많음을 본다. 어쩌면 솔로몬 왕의 부름에도 얼굴을 드러내지 아니하던 술람미처럼 말이다.

"겉옷을 잡으라". 겉옷에 곡식을 부어주려 할 때, 그 복을 받을만한 겉옷이 있어야 받을 수 있다. 여기서 겉옷을 스토레(στολή)로 바꾸어서 상고해 보아야 한다. 스토레는 혼례식 날에 입을 드레스(βύσσινος)로 바꾸어지기 이전의 두루마기다. 그러므로 브씨노스에 담겨질 은혜의 스토레가 없으면 무엇에다 어린양의 아내라는 은총을 담을 수 있는가를 생각해 보아야 한다. 어린양의 신부가 되려는 후보라면 반드시 브씨노스로 바꾸어지는 스토레가 있어야 받을 수 있다. 그러므로 나는 신랑이신 예수님께서 부어주시는 은총을 받을 스토레가 있는지 점검해 보아야 할 때이다.

그러므로 그것을 펴고 잡아야 된다. 겉옷은 어쩌면 어린양의 후보가 될 당신의 세마포(βύσσινος)로 바꾸어질 스토레(στολή)가 아니던가? 그 스토레의 폭이 넓게 펴지도록 만들지 아니하고 구원의 옷(λίνον)으로만 움켜잡고 있으면 안 된다. 넓게 펴야 주시는 복을 받을 수 있을 것이다.

펴서 잡으니 보리를 여섯 번 되어 룻에게 이워주고 성으로 들어가니라.(3:15b)

보아스는 룻이 붙잡은 겉옷에 보리를 여섯 번 되어주었다. 어째서 다섯도 있고 열도 있는데 여섯이라고 하였을까? 여섯이라는 숫자는 어린양의 신부후보들에게 특별한 의미가 있음을 알아야 한다. 출애굽기 25장 32절에는 등대를 만들 때 본줄기에 연결하여 여섯 가지를 새기도록 하였다. 장막의 쓰이는 널판자는 항상 여섯을 만들도록 하였다.

이사야는 하나님을 모시는 스랍들의 날개가 각기 여섯이라 하였다 (사6:2). 그리고 사도 요한은 하나님의 보좌 앞에 네 생물들의 날개가 각각 여섯이라 하였다(계4:8). 에스겔은 하나님께 드릴 번제는 흠 없는 어린양 여섯을 드렸다 하였다(겔46:4). 그리고 예수님께서 수산나의 결혼식에서 물로서 포도주를 만들 때 하인들에게 여섯 돌항아리에 물을 가득 채우도록 하였다(요2:6). 예수님께서 술이 떨어진 잔치 집의 어려움을 해결해 주었듯이 보아스도 룻의 어려운 생계를 도운 것이다.

어린양의 신부후보들에게는 이 여섯이라는 숫자에 담겨지는 큰 축복으로 주신다. 여섯 줄기는 하나님께서 인간에게 주신 성품으로 반영된다. ①하나님을 알게 하는 지식(知識), ②지식을 움직여서 하나님의 영광을 나타내는 지혜(智慧). ③사랑과 은혜와 자비를 나타내는 선(善). ④피조물로서 거룩함을 이루게 하는 성결(聖潔). ⑤옳고 그름을 가려내는 의(義). ⑥하나님께서 허락하신 자유의지를 활용하는 주권(主權). 여섯이다. 보아스가 룻에게 부어준 여섯은 신부후보들의 성품에 축복한다는 교훈으로 받아야 할 것이다.

그리고 보아스는 그것을 룻의 머리에 이워주면서 "성으로 들어가라"하였다. 보아스가 룻의 머리에 복을 이워주었듯이 주님께서는 신부후보들의 머리에 면류관으로 씌워주신다는 교훈으로 받아드리면 은혜가 될 것이다. 머리에 면류관을 쓰지 못하면 혼례식에 들어갈 수 없다. 룻이 보아스가 부어주는 복을 머리에 이고 성으로 들어갔듯이, 어린양의 신부후보들은 반드시 머리에 면류관을 쓰고 예루살렘 도성으로 들어가야 한다. 그러므로 아무도 면류관을 빼앗지 못하게 굳게 잡으라고 하였다.(계3:11)

룻에게 이러한 일을 시킨 나오미로서는 밤새 이일이 어떻게 되었을지 궁금했을 것이다. 성공이 아니면 실패, 둘 중에 하나일 것은 틀림없기 때문이다. 모름지기 나오미는 밤잠을 이루지 못하고 이리 뒤척이고 저리 뒤척이면서 밤을 새웠을 것이다. 밤중에 룻이 돌아왔다면 실패였을 것이지만, 돌아오지 않은 것으로 보아서는 성공한 것 같은데 직접 확인이 되지 않은 상황에서 룻이 왔을 때 첫 마디가 "어떻게 되었느냐?"라고 물었다. '어떻게 되었느냐?' 라는 이 물음은 밤새도록 마음을 조였던 나오미의 심정을 그대로 토해내는 표현이다.

전반부는 16절에서 보여주었다. 후반부는 "빈손으로 가지말라"는 내용이다. 보아스는 룻과 밤을 지내고 돌아가는 룻에게 빈손으로 돌려보내지 않았다. 나오미의 전략을 몰랐던 보아스로서는 어찌하든지 룻이 곤경에 빠지지 않게 하려는 배려였을 것이다. 이 내용이 후보들에게 주는 교훈이 있다.

오늘날 젊은 사람들에게 이러한 관심을 가져주는 부모가 있으면 얼마나 좋을까? 나의 젊은 자녀들에게 "어떻게 되었느냐? 라고 물어보는 어머니가 있는가? 정작 관심을 가지고 물어보아야 할 영적문제는 물어보지 아니한다. 반대로 오늘 시험을 본 것이 어떻게 되었느냐? 라고, 또는 오늘 물건을 얼마를 팔았느냐고 물어볼 뿐이다. 아니면 오늘 장사는 어떻게 되었느냐? 라고 물어보는 데에는 후하면서 정작 영적문제를 물어보는 데에는 인색하지 않은가 한다.

룻이 그 사람의 자기에게 행한 것을 다 고하고 가로되(3:16b)

롯은 밤새 자기에게 일어났던 일을 사실대로 어머니께 "그 사람이 자기에게 행한 것을 다" 알렸다. 여기서 신부후보들은 롯의 숨김없는 고백을 거울로 삼으면 좋겠다. 우리 의 생활에서 여러 가지 사건들로 줄을 이어지고 있다. 그 하나하나를 주님 앞에 실토할 수 있는 용기가 필요하다. 주님은 오늘도 우리에게 "어떻게 되었느냐?"라고 물으신다. 이 질문에 우리는 반드시 대답해야 한다. 오늘은 내가 무엇을 어떻게 하였으며 어떤 말을 했는지 숨기지 아니하고 주님 앞에 고백하는 아름다운 후보가 되라는 교훈이다. 우리도 이 세상이라는 어두운 밤이 지나면 본향으로 돌아가야 한다. 따라서 후보들에게는 분명이 빈손으로 돌아가서는 안 된다는 교훈이다.

고(告)한다는 말은 '설명'이라는 뜻이다. 이것은 보고체계를 말한다. 사람이 살고 있는 그곳이 국가든 사회의 회사든 교회든 가정이든 이 보고체계는 흥하고 망하게 하는 중요한 일이다. 사실 그대로 숨김없이 보고가 잘 이루어지는 곳은 흥하게 된다. 그러나 사실자체를 숨기거나 보고가 없으면 망하게 된다. 그곳이 국가이든, 회사이든 교회이든 반드시 보고가 잘 되어야 한다. 보고에 따라서 잘못되었거나 실수가 있을 때는 바로 잡고 수정하고 고쳐서 완전하게 할 수 있기 때문에 중요하다.

교회에서는 이 고(告)함을 회개라는 개념으로 정리하고 있다. 바울사도는 "우리 각인이 자기 일을 하나님께 직고하리라"(롬14:12)고 하였다. 그것이 선한 일이든 악한 일이든 반드시 고하게 된다. 나오미가 롯에게 물었던 말이나, 롯이 나오미에게 설명한 것은 후일 롯의 결혼에 흠이 있어서는 안 되기 때문이다. 따라서 예수님과 결혼하려는 신부후보들은 이점을 명심해야 한다.

룻은 보아스가 자기에게 하였던 모든 사실을 나오미에게 설명해 주었다. 그리고 보리를 여섯 번 되어주더라 한다. 그러면서 빈손으로 시어머니에게 가지말라 하더란 말까지 하나도 빠짐없이 설명해 주었다. 여기서 몇 가지 중요한 교훈을 얻게 된다. 첫 번째 교훈은 사실대로 설명하지 않으면 뉘 것을 훔쳐왔다는 의혹을 받을 수 있다. 두 번째 교훈은 보아스가 룻을 사랑한다는 의중을 나오미에게 알리기 위함이다.

이 내용을 룻이 보아스와 결혼이라는 전제에서 우리가 예수님과의 혼인이라는 관점으로 보아야 하기 때문에 중요하다. 따라서 신부후보들은 반드시 '여섯'이라는 숫자를 주목해야 한다. 앞에서도 잠깐 언급한 인간에게 주어진 여섯 가지 성품을 말한다. 여섯 가지 성품은 하나님께서 인간에게 주신 것이다. 하나님을 알게 하는 지식이 첫 번째 성품이다. 지식을 움직여서 하나님의 영광을 나타내는 지혜가 두 번째 성품이다. 사랑과 은혜와 자비를 나타내는 선이 세 번째 성품이다. 피조물로서 거룩함을 이루게 하는 성결이 네 번째 성품이다. 옳고 그름을 판단하는 정의가 다섯 번째 성품이다. 하나님께서 인간에게 허락하신 의지를 자유롭게 활용하는 주권이 여섯 번째 성품이다. 이 여섯 가지 성품이 비어있지 아니하고 가득 채워서 예수님 앞으로 들어가라는 교훈으로 받아들여야 한다.

132

나오미는 룻에게 지금까지 해오던 모든 행동을 중지하고 오직 보아스가 모든 일을 끝내도록 기다리라 하였다. 보아스와 룻의 혼인문제는 보아스가 해야 된다는 뜻이다. 신부가 될 룻으로서는 할 수 없는 일이기 때문이다. 여기서 세상풍파를 겪었던 나오미와 그런 것을 겪어보지 못한 룻의 인내와 지혜로운 합작을 볼 수 있다. 또한 그러한 지혜를 자신을 위해 쓰지 아니하고 사랑하는 자부를 위해 쓴다는 교훈은 참으로 신부후보들은 배워야 한다.

이 교훈은 어린양의 신부가 되려는 후보는 자신의 모든 열정을 주님께 바치면 혼례는 주님께서 주선하신다는 교훈이다. 예수님께서 "아버지께서 아들에게 주신 모든 자에게 영생을 주게 하시려고 만민을 다스리는 권세를 아들에게 주셨음이로소이다."(요17:3)라고 하였다. 그러므로 신부후보는 브씨노스($\beta\acute{\upsilon}\sigma\sigma\iota\nuo$s)를 준비하면서 신부가 되는 그날까지 사모하면 된다. 룻의 기업을 무를 사람이 보아스인 것처럼, 신부의 혼례식 준비는 예수님이 하시게 된다.

그렇다고 손 놓고 있으라는 뜻은 아니다. 혼인예식에 관한 것들은 신랑 편에서 알아서 추진하지만 신부는 자기에게 필요한 몫은 스스로 준비해야 한다. 그것이 결혼당일에 입을 드레스라는 브씨노스이기 때문이다(계19:8). 이 브씨노스가 입혀지기까지는 날마다의 삶에서 거룩함과 의로움으로 겉옷인 스토레($\sigma\tauo\lambda\acute{\eta}$)로 발전시키는 것이 신부후보가 준비할 몫이다.(사62:10)

그 사람이 오늘날 이 일을 성취하기 전에는 쉬지 아니하리라.(3:18b)

그 일은 보아스가 룻과 결혼함을 말한다. 보아스 자기가 자신의 혼례식이 이루어질 때까지 쉬지 않고 추진시킨다 하였다. 이 모든 일은 나오미가 자부 룻을 위해 처음부터 치밀하게 계획하고 진행시키는 결과로 나타나는 일이다. 나오미는 오랫동안 룻에게 좋은 배필을 만나게 해 왔다. 그것이 기업을 물자라 하지 않았던가! 나오미가 그토록 룻의 결혼에 강한 집념을 갖는 것은 룻의 믿음이 그렇게 되도록 이끌었다. 모압을 떠나올 때 오르바와 룻에게 친정으로 돌아가 새로운 남자를 만나 재혼하라고 강권하였다. 그때 오르바는 친정으로 돌아갔으나, 룻은 그리하지 아니하고 '왜 어머니는 나를 하늘나라로 가지 못하게 하십니까?' (룻1:16a)라고 강하게 반발한 것이 첫 번째로 나오미의 마음을 움직이게 한 동력이 되었다. 다음은 룻이 "어머니의 백성이 나의 백성이 되고, 어머니의 하나님이 나의 하나님이 되시리라"(룻1:16b)라는 고백이 나오미의 마음을 움직이게 하였던 것이 두 번째 동력이 되었다.

예수님의 은혜로 하나님의 나라를 바라보는 성도들은 이처럼 룻의 강한 믿음을 본받으라는 교훈이다. 룻은 고백보다 더 강한 서원이 훗날에 믿는 사람들의 선조가 되었다. 그녀의 서원은 보아스와 결혼하게 되었고, 룻은 예수님의 조상이 되었다. 이렇게 생각할 때 그녀가 "어머니의 백성이 나의 백성이 되리라"는 고백이 그대로 되어진 것이다. 그러므로 어린양의 신부가 되려는 후보들도 이처럼 강한 믿음으로 예수님 앞으로 나아가야 한다.

17장. 보아스의 제안과 그리스도의 구속

4장은 룻기서 전체의 절정을 장식하는 마지막장이다. 그것은 보아스와 룻의 결혼이야기로 끝을 맺기 때문이다. 그 사정이 다소 특이한 결혼이다. 이것은 죽은 형제의 과부와 결혼하는 율법에 대한 설명뿐만 아니라 율법의 설명에 도움을 주면서(신25:5~), 복음의 사명을 위해서 기록되어있다는 점이다. 보아스와 룻의 결혼에서 다윗과 다윗의 후손(그리스도)이 탄생하게 된다. 이 결혼은 계시록 19장 8절에서 막을 내리게 된다. 그리스도의 교회 중에서 거룩한 어린양이 신부들과 결혼으로 연결되는 중요한 결혼이 룻의 결혼식이다.

보아스가 성문에 올라가서 거기 앉았더니 마침 보라스의 말하던 기업무를 자가 지나는지라.(4:1a)

성문은 유력자들, 곧 장로들로 구성되는 법정을 말한다. 보아스는 아침 일찍 룻을 돌려보내고 즉시 법정소집을 준비했다. 보아스 자신도 그 성의 장로중의 한 사람이었음은 그가 재산이 많은 유력자이기 때문이다. 본문에 나타나는 보아스는 평민이 아니라 욥처럼(욥 29:7~) 성읍의 재판석에 앉을 수 있는 권위를 가진 사람이었기 때문에 그는 성읍의 원로로서 회의를 주관할 수 있었다.

유다지파의 방백 나손의 손자로 태어난 보아스가 타작마당에 있는 노적가리에서 룻과 밤을 지냈다. 그렇다고 소박한 그 당시에는 법정에서 재판하는 높은 지위에 대한 불명예스러운 일이 되지는 않았다. 그러나 어째서 보아스가 이렇게 급히 모든 일을 전폐하고 이 혼례를 서둘고 있는 것일까? 룻은 가난했기 때문에 남의 도움을 받아야 했다. 그녀는 훌륭한 지위에 있지도 않았으며 또한 이방인이다. 그녀는 아름답다는 말을 들은적이 없었다. 설사 그녀가 예전엔 아름다웠다 할지라도 고통을 겪었고 먼 길을 걸어왔다. 또 이삭을 줍는 일에서 그녀의 아름다움은 시들었을 것이다.

보아스는 그녀를 사랑하고 그녀의 일을 서둘러 돌보아주는 것은 모든 이웃 사람들이 그녀를 현숙한 여자라고 말하기 때문에 보아스는 룻을 "진주보다 더 귀하게" 여겼을 것이다.(잠31:10) 하나님께서 보아스에게 은총을 베푸셨다. 그에게 이 일을 제안할 수 있도록 보아스가 모든 준비를 하고 난후 그때를 맞추어 기업을 담당할 자들 모두를 법정으로 오라고 불렀다. 이처럼 하나님의 자녀들에게 작은 일들까지 하나님은 도움으로 중요한 일을 빨리 이루신다는 교훈이다.

보아스가 그에게 이르되 아무여 이리로 와서 앉으라 그가 와서 앉으매.(4:1b)

보아스의 소집을 받고 원료(장로)들이 출석하였다. 보아스는 법정에 출석한 원료들에게 착석하도록 권유하였다. 참석자들은 자연스럽게 각기 자리에 앉았다. 참석한 원료들 모두는 이날에 다루어질 사안을 잘 알고 있었을 것이다. 그런데 다음 절에는 10명이 참석한 것으로 기록되어 있다. 그러므로 이날에 논의할 안건은 상속문제이다. 오늘날로 말하면 가정법정과 같은 구성이었을 것이다. 엘리멜렉과 가까운 친척은 보아스 한 사람만이 아니라 다른 사람들도 있었다.

그렇지만 나오미와 그의 자부를 그동안 보살펴준 사람은 보아스였다. 그러므로 첫 순위를 갖고는 있으되 법과 순리를 거스릴 수 없기에 제안을 한 것이다. 즉 당신이 그녀들의 기업을 무르는 우선권이 있다. 그러나 첫 순위에 있는 사람이 그것을 포기하면 다음순위자인 보아스의 차례가 된다. 보아스는 모인 원료들에게 그동안 나오미 가족을 돌보아준 사실을 알렸다. 그리하여 앞 순위 자가 양보하도록 하였다.

이 내용에서 하나님을 섬기는 성도들은 원칙과 순리를 거스르는 행동을 해서는 안 된다는 가르침이다. 그것은 세상의 법도 하나님의 법에 준하기 때문이다. 이것이 국가이든 사회이든 교회이든 질서가 유지되어야 한다. 따라서 질서를 어지럽히는 사람은 하나님의 법을 어지럽히는 사람이다.

보아스가 성읍 장로 10인을 청하여 가로되 당신들은 여기 앉으라. 그들이 앉으매.(4:2)

이날은 법정을 여는 날은 아니었으나 그는 그 성읍의 10명의 장로들을 소집하고 주임재판관 자리에 앉았다. 성문은 공적인 업무가 처리하는 법정이다. 그리고 관례대로 10명의 장로들이 모였는데, 그 수는 법정의 구성원 전원이었던 것 같다. 보아스는 자신이 재판장이었지만 그의 마음대로 일을 처리하지 아니하고 다른 장로들의 의견을 모으기 위해 모든 장로들을 소집시킨 것이다.

인간에게는 누구나 어려운 일들이 일어난다. 그러한 환경에서 룻처럼 오래참고 자기에게 주어진 일에만 전념할 때는 하나님은 자녀들의 환경을 보시고 기도를 들으신다. 이스라엘 백성들이 이집트에서 나아와 홍해 앞에 도달했을 때에는 앞이 캄캄하고 솟아날 가망이 없는 것 같았으나 하나님은 홍해를 가르고 있었듯이, 하나님의 사랑하는 자녀들에게도 어떤 문제가 생기면 그 일을 풀어주셨다. 따라서 어떠한 역경과 고통이 있을지라도 참고 하나님께서 주신 일어만 열중하면 어느 날 빛을 보게 된다는 교훈이다. 어린양의 신부가 되려는 후보들에게도 같은 원리가 적용될 것이다. 지금이란 생활은 어쩌면 룻의 생활과 다르지 않을 것이다. 그러나 우리 주님은 당신과 신부가 될 후보들의 혼례를 하늘나라에서 준비하고 계신다.

보아스가 기업무를 자에게 이르되 모압 지방에서 돌아온 나오미가 우리 형제 엘레멜렉 소유지를 관할하므로(4:3)

보아스는 경쟁자에게 이 일에 대한 그의 의견을 전달하였다. 나오미에게는 돈이 필요했고 그녀의 재산을 살만한 법적 구매자에게 팔려고 한다. "아무여, 여기 앉으라." 그리고 보아스는 이스라엘에 기근이 들었을 때 식량을 살 돈을 마련하기 위해 저당 잡힌 엘리멜렉의 땅을 찾아줄 것을 그에게 제안하였다. "나오미에게는 팔아야 할 땅이 있다. 즉 그녀가 지불해야 할 값을 내면 저당 잡힌 땅을 다시 찾아서 팔수 있다" 나오미 남편 엘리멜렉이 죽었으므로 그 땅은 나오미의 재산이다. 보아스는 이 땅을 조건으로 경쟁자를 만났고 증인들까지 동원시킨 것이다.

본문에 나타나 있는 보아스의 행동에서 우리에게 두 가지 특이할 만한 교훈을 남기고 있다. 첫 번째 교훈은 보아스의 행동은 공평무사(公平無私)한 행위를 보여준다. 그는 나오미와 룻이 자신이 기업무를 자로 합당하게 생각하고 있다는 것을 잘 알고 있었다. 뿐만 아니라 모압 여인 룻의 아름다움에 흔들리지 않았던 것은 아니었다. 그의 훌륭한 인격은 탐욕과 열망에 들뜨지 않았다는 교훈이다. 따라서 보아스의 양심은 아무리 힘들고 어려운 상황에 처한다 해도 자신에게 유리하도록 교활한 간계(奸計)를 쓰지 않았다는 교훈이다. 이것은 하나님께서 인간에게 주신 본성의 고귀한 모습이다.

내가 여기 앉은 자들과 내 백성의 장로들 앞에서 그것을 사라고 네게 고하여 알게 하려 하였노라.(4:4a)

두 번째 교훈은 보아스는 문제를 간결하고 정결하게 해결해 나가는 태도를 보여준다. 그는 자신이 원하는 대로 모든 일을 진행되기를 바랐으나, 성실하지 못한 대부분의 사람들과 같이 교활한 간계를 쓰려고 하지 않았다는 교훈이다. 우리 주위에는 자신에게 유익만 된다면 정의고 양심이고 다 팽개쳐버리고 아무 일에나 서스럼 없이 행하는 사람들이 많다. 자기 양심과 인격을 팔아버리는 일마저 식은 죽 먹듯이 해치우는 사람은 하나님의 자녀가 아닐뿐더러 어린양의 신부 될 자격이 없다. 그런 사람은 발이 아니라 배로서 비천하게 기어가는 뱀의 뒤를 쫓아가는 것과 다르지 않다. 보아스가 보여준 교훈대로 자신의 욕망과 탐욕을 접어놓고 조용히 하나님의 뜻을 기다리며 축복의 그릇으로 만들라는 교훈이다.

네가 무르려면 무르려니와 네가 무르지 아니하거든 내게 고하여 알게 하라. 네 다음은 나요 그 외에는 무를 자가 없느니라. 그가 가로되 내가 무르리라.(4:4b)

보아스는 이것을 정식으로 통고했으나 나오미의 가장 가까운 친척은 그 일을 떠맡기를 거부하였다. 누가 사든지 돈을 지불해야 하는데 보아스는 아마 이렇게 말할 수도 있었을 것이다. "나는 그 어느 친족 못지않게 넉넉한 돈을 가지고 있느니라. 만일 내가 마음에 있다면 내가 제일 먼저 이것을 제안했으므로 나의 친척남자에게 아무 말도 안하고 개인적으로 취득하지 않았겠느냐" 그러나 아니다. 비록 보아스가 그것을 사고 싶더라도 그는 제일 가까운 친척남자를 앞질러 나서는 그런 야비한 일은 하려하지 않았다. 이러한 그의 행실을 통하여 우리는 우리가 하는 일이 정당하고, 정직해야 할뿐 아니라, 정중하고 명예로워야 한다. 그리고 남에게 들킬 것을 꺼려하는 행동을 하지 말고 솔직히 행하야 한다는 것을 배우라는 교훈이다.

보아스는 룻을 위하여 기업을 무를 자가 없다면 자신이 무르겠다는 제안은 우리를 위하여 당신의 몸을 주시겠다는 주님의 제안으로 깨닫게 한다. 보아스가 장로 10인이 보는 앞에서 룻의 기업을 무를 자가 자기가 되었듯이 예수님은 하나님과 천사들이 지켜보는 앞에서 죄의 대속물이 되실 것을 제안했음을 보여준다. 이처럼 예수님은 우리를 위하여 자신의 몸을 내어버리시고 죄에 눌려 신음하는 불쌍한 우리의 영혼을 구속해 주셨음을 교훈한다.

보아스가 가로되 네가 나오미의 손에서 그 밭을 사는 날에 곧 죽은 자의 아내 모압 여인 룻에게서 사서 그 죽은 자의 기업을 그 이름으로 잇게 하여야 할지니라.(4:5)

그 친척남자는 처음에는 그 땅을 살 뜻이 있었던 것 같았다. 그러나 그 사람은 룻과 결혼해야 된다는 조건을 듣자 거절하고 물러났다. 그 사람은 가난한 과부가 돈이 필요하기 때문에 아주 싼 값에 땅을 사서 재산을 늘리라 기대하고 욕심스럽게 그것을 노렸을 것이다. 그래서 "진심으로 내가 무르리라"고 말했을 것이다.(4절). 그러자 보아스는 그에게 밭을 사는 날에는 그 젊은 과부도 함께 데려가야 한다고 조건을 말해 주었다.

하나님의 율법이나 유대의 관습대로 그는 이러한 의무를 행해야 하며, 또한 나오미는 "그 밭을 매입하는 날에는 죽은 말론의 아내인 모압 여인 룻을 데려가서 룻으로 하여금 죽은 남편(나오미의 아들)을 대신하여 후대를 잇게 해야 한다"는 조건이 아니면 그 땅을 팔지 않겠노라고 고집했을 것이다.

그 기업 무를 자가 가로되 나는 내 기업에 손해가 있을까 하여 나를 위하여 무르지 못하노니 나의 무를 권리를 네가 취하라 나는 무르지 못하겠노라.(4:6)

보아스는 나오미가 제시한 조건을 그 사람에게 설명해 주었다. 그 친척은 "나는 나를 위하여 무르지 못한다."라며 땅 사는 것을 거절하였다. 그는 이렇게 말한다. '나는 이 일로 인하여 내 가문에 손해가 있을까하여 이 일을 매입하지 못하겠노라' 그 사람은 토지만은 그의 재산에 유익하였지 여자(룻)를 함께 데려가는 것은 별 도움이 못된다고 생각하였다.

타국에서 와서 남의 도움으로 겨우 살아가는 이 가난한 과부와 결혼하는 것은 천한 일이라고 생각했는지도 모른다. 또한 그는 그렇게 하면 그의 가문에 수치가 되고 그의 혈통을 더럽히게 되며, 나아가서는 가족들에게 손해를 주게 된다고 생각했을 것이다.

시리아 사본에는 그가 이것을 거절한 일에 대하여 —그 사람은 이미 아내가 있었기 때문에 룻을 아내로 드리게 되면, 여인들 사이에서 분쟁이 일어날 터이고, 그로 인하여 재산상속문제가 까다롭게 되기 때문에 거절한 것이라고 기록하고 있다. 또한 룻이 많은 자식을 낳게 되면 그들 모두가 각자의 재산을 취하게 되면 재산이 자기에게 남지 않게 되리라고 생각을 했을 것이라고 기록되어 있다.— 이러한 문제는 오늘날에도 같음을 보게 된다.

사람들은 재산으로 인하여 그리스도의 구속을 부끄럽게 여기는 사람도 있다. 그래서 믿음을 받아들이기를 꺼려한다. 사람들은 신앙의 이야기를 많이 들어왔다. 거기에는 아무런 문제를 삼으려하지 않는다. 그러나 그와 동시에 그들은 자기들의 재산도 자랑할 것이다. 사람들은 이 세상에 있는 재산을 잃을까 두려워하여 신앙을 기꺼이 버리기도 한다. 믿음은 이 세상의 욕심과 함께 할 수 없으므로 하나님을 따르려는 사람은 세상의 욕망을 버려야 된다. 어린양의 신부가 되려는 후보라면 더더욱 세상적인 욕망을 버리고 진실과 성실함으로 신뢰받는 후보가 되어야 할 교훈이다.

18장. 하나님의 공평하신 결정

옛적 이스라엘 중에 모든 것을 무르거나 교환하는 일을 확정하기 위하여, 사람이 그 신을 벗어 그 이웃에게 주더니 이스라엘의 증명하는 전례가 된지라.(4:7)

보아스는 나오미와 가장 가까운 친척에게 오래전부터 이스라엘에 전해 내려오는 관례를 설명하였다. "너희 기업의 온 땅에서 그 토지 무르기를 허락할지니 만일 너희 형제가 가난하여 그 기업 얼마를 팔았으면 그 근족(近族)이 와서 동족의 판 것을 무를 것이요"(레25:24-25) 라고 규정하고 있다. 보아스는 이 사람에게서 나오미 남편 엘리멜렉이 저당 잡힌 땅을 찾아주지 않겠다는 확실한 답을 받아내야만 했기에 전례를 설명해 주었다. 이 뜻은 그가 룻을 책임지지 않겠다면 보아스가 책임져도 되느냐? 하는 질문이다.

여기서 책임문제는 보아스 당시에만 해당되는 것이 아니다. 과거와 현재와 미래에도 같은 원칙이 적용된다. 특히 하나님 앞에서 자녀된 그리스도인들로서는 더더욱 그러해야 한다. 책임이란 자기에게 주어진 일에 관한 의무의 일종이다. 사건이란 자신이 한 말이나 행동, 또는 3자와 합의로 이루어진 약속 등 다양한 것들을 실행시킴을 말한다. 따라서 그 책임을 수행하면 그것으로부터 오는 짐은 없어지고, 실행하지 않을 때는 그 짐이 자기의 육신과 영에까지 미치게 된다. 사람들은 이러한 문제에 대하여 감각이 무디어져서 자신이 저지른 사건까지도 책임지지 않는 경우가 태반이다. 이러한 사람들은 하나님의 자녀로서의 자격이 박탈당하게 된다. 그것은 거짓말이 되고 그 거짓말은 속이는 사기가 됨으로 이러한 사람은 하나님나라에 들어갈 수 없다고 경고한다.(계21:8, 22:15) 따라서 신부가 되려는 후보는 나에게 주어진 일에는 어떠한 일이 있더라도 책임지는 아름다운 삶이 되라는 교훈이다.

이에 그 기업무를 자가 보아스에게 이르되 네가 너를 위하여 사라하고 그 신을 벗는지라. (4:8)

나오미의 가까운 친척은 처음에는 "내가 무르리라"(4:4) 하였다. 그런데 보아스의 계속되는 질문은 저당잡힌 땅만 사는 것이 아니라 그 땅을 사는 사람은 엘리멜렉의 가족, 곧 나오미와 룻을 장래문제도 함께 책임져야 된다고 하였다(4:5). 그는 처음에는 땅만 싼값으로 사서 재산을 늘리겠다고 생각했었다. 그가 마음을 바꾼 내용을 보면 자기에게 "손해가 있을까 하여 못하겠다."라고 거절하였다. 그리고 결정적으로 신을 벗어버림으로서 보아스에게로 책임이 넘겨버린 것이다.

이 말씀은 우리에게 놀라운 복음의 말씀을 다시 한 번 생각나게 한다. 그것은 예수님께서 죄인들을 위하여 대속제물이 되시고 죽임을 당하셨다가 다시 부활하셔서 구속사역을 완성하셨다는 말씀을 상기

시기 때문이다. 보아스는 자신이 룻의 기업을 무르겠다는 증거로서 기업 무를 자의 신을 넘겨받았다. 신을 넘겨주는 교훈은 '자기는 이 일의 권한을 포기하고 당신에게 넘겨준다.'는 풍습이라 하였다.

보아스가 장로들과 모든 백성에게 이르되 내가 엘리멜렉과 기룐과 말롣에게 있던 모든 것을 나오미의 손에서 산 일에 너희가 오늘날 증인이 되었고(4:9)

보아스는 자기 할 일을 분명히 알게 하였다. 그러므로 그는 자기가 친척으로서 소임을 다 하겠다고 룻에게 약속했던 것이다.(3:13) 보 아스는 법정에서 그 장로들과 모든 사람들을 증인으로 삼겠다고 하 였다. 그 증인들은 법정에 나왔던 방백들, 곧 장로들과 재판을 보러 왔던 백성들이다. 이제 그 책임을 완수할지의 여부는 보아스의 능력 과 그의 성실함에 있음을 교훈한다.

이처럼 룻의 기업의 존폐(存廢)여부는 보아스의 능력과 성실에 달 려 있듯이, 우리의 구원은 그리스도께서 이 땅에 오신 날로부터 승리 하는 그 날까지 오직 예수님의 사랑과 능력에 달려있다. 보아스처럼 그리스도께서는 인간을 위하여 모든 기업을 물어 주셨다. 전에는 엘 리멜렉과 말롣과 기룐의 소유였던 것이 보아스의 것이 된 것처럼, 대 속자이신 예수님께서 친히 우리를 위하여 대가를 치러주셨으므로 우 리는 그리스도의 소유가 되었다. 이 소유권에 대하여 사도 바울은 "우리가 사나 죽으나 우리는 주의 것이로다" 하였습니다.(롬14:8)

또 말롣의 아내 모압 여인 룻을 사서 나의 아내로 취하고 그 죽은 자의 기업을 그 이름 으로 있게 하여 그 이름이 그 형제중과 그곳 성문에서 끊이지 않게 함에 너희가 오늘날 증인이 되었느니라.(4:10)

본문의 말씀은 보아스와 룻이 결혼하는 장면을 묘사하고 있다. 인간의 역사가 시작된 이래 수많은 결혼예식이 행해졌지만 본문에서 보아스와 룻의 결혼이 성립되는 과정을 통하여 결혼예식에는 특별히 중요시해야 할 두 가지 조건을 교훈하고 있다.

첫째로 두 사람이 부부가 되었음을 친척과 친지들이 모인 가운데서 선포해야 된다는 교훈이다. 보아스가 룻의 기업을 무르는 사람으로서 룻의 남편이 되고자 하였을 때, 보아스는 장로들과 백성들이 이일을 지켜보았다. 그 장로들과 백성들 앞에서 결혼식의 타당성을 인정하고 증인이 되어줄 사람들을 세우는 일을 하였다는 교훈이다.

둘째로 두 사람의 부부됨을 하나님 앞에서 엄숙히 서약해야 한다는 교훈이다. 결혼식을 거행할 때 단순한 가족과 친지들에게만 부부됨을 선언하기보다 두 사람이 하나님 안에서 한 가정을 이루었음을 보이고 앞으로 두 사람이 이루게 될 가정이 보아스와 룻의 가정이 복받는 것처럼 축복받기를 원해야 된다는 교훈이다.

성문에 있는 모든 백성과 장로들이 가로되 우리가 증인이 되노니,(4:11a)

여호와께서 네 집에 들어가는 여인으로 이스라엘 집을 세운 라헬, 레아 두 사람과 같게 하시고(4:11b)

장로들과 백성들이 보아스와 룻의 결혼의 증인이 되어주었다. 그들은 증인으로서의 의무를 넘어서 축복까지 빌어주었다. 하나님께서 보아스의 아내로 들어오는 룻에게서 이스라엘을 세우는 라헬과 레아처럼 되게 빌어주었다. 그리고 보아스에게는 에브랏과 베들레헴에서 이름을 떨치는 자가 되라고 빌어준 두 사람의 이름과 두 지명이 우리게 주는 교훈이 있다.

라헬은 메소보다미아에서 요셉을 낳고(창30:22~25), 또 벧엘에서 에브랏으로 가는 도중에서 베냐민을 낳을 때 난산으로 거기서 죽었다(창35:16~20). 레아는 자신의 시녀였던 실바와 함께 이스라엘 12지파 중 절반을 차지하는 자식을 낳았을 뿐 아니라 그 후손에서 메시야가 탄생되었다. 레아는 가나안 땅에서 죽었고 그의 유해는 막벨라 굴에 안장되었다. 이스라엘의 건설자의 한 사람으로 기록된 그 메시아가 레아가 낳은 유다에게서 이어진다. 에브랏은 고대 베들레헴의 이름이다(미5:2,창35:16,48:7). 미가는 에브랏을 '에브라다'로 표현하기도 하였으므로(미5:2) 에브랏은 베들레헴이다.

라헬과 레아 두 사람이 이스라엘의 집을 세웠다는 역사는 이러하다. 이스라엘 여인들은 누구나 자신의 태에서 메시야가 출생되어야 한다는 집념이 강했다. 라헬과 레아가 서로 다투면서까지 야곱을 차지하려 했던 것이 그런 까닭이다. 두 자매는 경쟁으로 말미암아 야곱은 열 두 아들을 얻었다. 열둘이라는 숫자는 만세전부터 스스로 계신 여호와 하나님의 보좌를 중심으로 건설된 예루살렘 성곽의 열두 진주 문에서 역사가 시작되었다. 이러한 내력을 잘 알고 있었던 라헬과 레아가 경쟁적으로 낳은 열두 아들들이 야곱의 열두 지파다. 라헬은 야곱의 열두 번째 아들 베냐민을 낳으면서 죽었고 그녀의 무덤이 에브라다에 묻었다. 라헬의 시신이 묻힌 에브라다가 베들레헴이다. 라헬이 직접 메시야 를 출산시키지는 못했지만 그녀가 묻힌 베들레헴에서 메시야가 출생하였다. 야곱의 이름을 이스라엘로 바꾸어지면서 열두 지파는 이스라엘의 열두 반열로 바꾸어졌다. 이것이 라헬과 레아가 열두 아들들을 낳아서 이스라엘을 집을 세운 여인이라는 역사를 이어가라는 말한다.

너로 에브랏에서 유력하고 베들레헴에서 유명케 하시기를 원하며,(4:11c)

모두 잘 아는 대로 라헬과 레아는 라반의 두 딸이다. 그들은 야곱의 아내가 된 뒤로는 서로 자기가 낳은 자식들의 혈통에서 메시야가 탄생되기를 갈망하는 경쟁관계에 있었다. 본문에서 룻에게 빌어주는 축복이 라헬과 레아, 두 여인이 이루려던 소망이 룻에게서 이뤄질 것을 말한다. 그들의 축복은 후에 그렇게 이루어졌다. 또한 보아스에게도 메시야의 조상으로 유명한 사람이 되었다. 에브랏이라는 베들레헴에서 유명해지라는 축복대로 메시야는 베들레헴에서 탄생되었고 그 베들레헴은 오늘날까지도 유명한 지명으로 전해진다. 이 교훈은 우리에게 복 빌어주는 일에 인색하지 말라는 교훈이다.

여호와께서 이 소년 여자로 네게 후사를 주사 네 집으로 다말이 유다에게 낳아준 베레스의 집과 같게 하시기를 원하노라(4:12)

베들레헴 사람들은 보아스와 룻에게 다말과 유다와 베레스, 세 인물의 이름으로 축복하는 이유는 이러하다. 다말은 유다의 장자 엘의 아내였다. 장자와 둘째 아들에게서도 뜻을 이루지 못한 다말은 친정에 가 있다가 그곳에 나타난 유다에게 정체를 숨기고 자신의 뜻을 이루었다. 그렇게 해서 다말은 쌍둥이를 낳는데 베레스와 세라라고 불렀다(창38:6~30). 결국 그들이 빌어준 축복대로 룻의 후사로 베레스는 다윗의 10대 조상이었고 예수님의 계보에 나타나는 조상이 되었다.

베들레헴의 장로들과 백성들이 보아스와 룻, 두 사람에게 빌어준 축복에서 우리가 배우고 실천해야 할 교훈이 있다. 그 교훈은 자녀이든 친척이든 또는 친구나 이웃일지라도 복을 빌어주라는 교훈이다. 그들이 두 사람에게 축복할 때 복을 주시는 분이 누구인지를 분명하게 말하고 있다. 그분은 "여호와께서"라고 복의 근원이 하나님이심을 강조하였다는 점이다. 성경말씀에 보면 모든 복의 근원은 위로부터 온다고 하였다. 그러므로 우리가 복을 빌어줄 때 반드시 예수 그리스도의 이름으로 빌어주어야 하는 것은 "내 이름으로 무엇이든지 내게 구하면 내가 시행하리라"(요14:14) 하셨다. 이는 아버지께서 모는 권세를 아들에게 주셨기 때문이다. 따라서 저자도 "우리 주 예수 그리스도께서 이 글을 접하는 모든 분들이 어린양의 신부가 되게 하시길 원합니다."라고 복을 빌어준다.

백성들과 장로들의 간구가 룻에게 두 번째 축복이다. 이 교훈은 인간사에서, 남녀사이에서, 결혼당사자 선택에 주의할 점이다. 남자든 여자든 조상의 족보가 중요하다는 교훈이다. 그것은 첫 번째든 두 번째든 결혼상대의 족보가 중요하다. 보아스와 룻은 베레스의 6대손이다. 따라서 보아스와 룻은 다윗의 4대 조상이다. 다윗은 예수님의 42대 조상이다. 룻기 전체를 통하여 우리가 네 가지 교훈을 얻을 수 있을 것이다.

첫째 교훈은; 아무리 어둡고 험악한 환경이 닥친다하더라도 하나님은 당신을 찾아오는 사람은 보호해 주신다는 사실을 배우게 하신다. 하나님께서 이 땅에 당신의 교회를 세우신 때부터 하나님의 자녀들은 한 시도 끊어지지 않고 진실하고 참되게 계속 이어져 왔다는 것을 배우게 하신다. 로마 군병의 칼 앞에서도 믿음 있는 사람들은 하나님께서 보호해 주셨고 그들은 믿음을 버리지 아니하고 굳게 지켰음을 배우게 하신다. 그러므로 하나님의 자녀인 우리들은 아무리 어렵고 고통스러운 시련이 있을지라도 항상 우리를 지켜주시는 하나님의 거룩한 손길과 은혜의 빛이 뒤따르고 있음을 믿고 하나님의 손만 의지해야 된다는 교훈이다.

둘째 교훈은; 우리는 당시의 사회적 습관을 통하여 거룩한 구속의 율법을 배우게 하신다. 룻기 전체를 통하여 레위기에 나오는 율법이 언급되고 있는데 룻은 이방나라 모압 여인이다. 소돔성이 유황불로 태움을 당할 때 소알 산으로 피신한 롯의 큰 딸이 낳은 아들이 모압니다. 모압은 이스라엘 백성들을 모압 땅을 통과하지 못하게 거부한 나라다. 모암은 발람을 활용하여 이스라엘을 저주한 나라다. 그래서 하나님은 신명기 "그들을 여호와의 총회에 들어오지 못하리라"하였다.(신23:3)

그러나 사울 왕을 피하여 온 다윗을 보살펴준 모압 왕은 룻을 생각하고 다윗의 부탁을 들어주고 아나가서 다윗을 선하게 대접하였다. 하나님은 이방인일지라도 찾아오는 사람은 거절하지 않고 받아주신다는 교훈이다. 이 율법을 통하여 우리에게 관심을 끌게 하는 것은 율법의 자비와 선함이다. 누구든지 구약성경 레위기 18장을 읽어본 사람이라면 하나님께서 이방인과 타국인들도 보살핌을 받아야 한다는 것을 알게 된다.

그중에서 특히 대가를 지불할 사람에 대하여 깨닫게 하신다. 그렇다면 우리의 죄 값을 물어줄 분은 누구인가? 우리는 죄로 말미암아 지옥으로 끌려가는 존재였다. 우리의 죄 값을 물어주신 분이 예수님이라는 사실이다. 인간의 마음속에서 그리스도와 사랑과 애정을 계속 꽃피울 수 있을 것이다. 이처럼 우리는 룻기에서 물질적인 안정뿐 아니라 하나님을 믿고 의지하며 찾아가기만 하면 그 대가로 우리에게 필요한 모든 것을 주시고 우리의 영혼까지 구해주신다는 것을 깨닫게 한다.

셋째 교훈은; 우리는 룻기서에서 우리에게 구속의 은총을 주신 그리스도의 탄생을 보게 하신다. 외롭고 의지할 데 없는 룻에게서 오벳이 출생했고 오벳은 이새, 이새는 다윗을 낳았으니 우리는 룻기에서 그리스도의 탄생이 예시되었음을 배우게 하신다.

19장. 신부의 영광스러운 결혼 예표

이에 보아스가 룻을 취하여 아내를 삼고 그와 동침하였더니.(4:13a)

보아스는 룻을 아내로 삼았다. 상례적인 예식을 갖추고 그녀를 자기 집으로 맞아들였다. 그리하여 "그녀는 그의 아내가 되었다"라고 기록되었다.(4:13) 룻을 통하여 우리는 세 가지 교훈을 배울 수 있다.

첫 번째 교훈은 그녀가 현숙한 여인으로 대접받게 된 것은 그녀 스스로의 행실로 얻었다는 사실을 신부가 되려는 후보들은 명심해야 한다.(계19:8)

두 번째 교훈은 룻이 보아스와 결혼하듯이 오래참고 험난한 가시밭길도 마다하지 아니하고 그날까지 달려가는 사람은 어린양과 결혼하게 될 것을 잊지 말라는 교훈이다.(계14:1~5)

세 번째 교훈은 보아스가 룻의 과거사를 보지 아니하고 현재 보아스를 얼마나 사랑하느냐를 보았다. 예수님도 우리들의 과거를 보시지 아니하시고 지금 얼마나 예수님을 사랑하느냐를 보시고 신부로

맞아주신다는 교훈이다.(계14:5)

여호와께서 그로 잉태케 하시므로 그가 아들을 낳은지라(4:13b)

우리는 새 생명이 태어나는 것을 수없이 많이 보아왔기 때문에 아기가 태어나도 의례히 그런 것이려니 하고 대수롭지 않게 넘겨버리는 것이 예사다. 그러나 본문에 기록된 한 어린아이의 출생이야기, 곧 오벳의 출생은 특이하게 우리의 주목을 끈다. 오벳의 출생에는 우리가 상상도 하지 못할 신비스러운 하나님의 섭리가 숨어있었다. 물론 그는 선하고 부유한 아버지 보아스와 정숙하고 강한 신앙과 부덕(婦德)을 갖춘 어머니 룻 사이에서 태어난 행복한 아기이었다. 그러나 그보다 더 중요한 것은 그가 다윗의 할아버지이며 나아가서 예수 그리스도의 직계 조상이 되었다는 점이다.

오르바와 룻, 그리고 끝까지 하나님을 따르는 자와 우상에게로 되돌아가는 자에 대한 교훈이다. 우리는 자기 신(우상)으로 돌아간 오르바와 하나님을 찾아 나선 룻에게서 축복과 저주, 그리고 하늘과 지옥이라는 두 갈래 길을 깨닫게 한다. 히브리서 기자는 "뒤로 물러가면 내 마음이 저를 기뻐하지 아니하리라"(히10:38) 하면서 "오직 나의 의인은 믿음으로 말미암아 살리라"고 하였다. 오르바는 뒤로 물러난 사람이었고 룻은 믿음의 사람이었다.

우리들 주변에도 이러한 경우가 많을 것이다. 처음에는 믿겠다고 시작하였다가 나중에는 믿음을 떠나는 사람들이 많을 것이다. 더 나아가서 처음엔 어린양의 신부가 되겠다고 몰려들었던 사람들은 많았다. 그러다가 그들도 오르바처럼 돌아간 사람들이 많았다. 룻의 경우에는 험난한 행로와 그리고 베들레헴에 왔을 때 모두가 룻을 반겨준 것만은 아니었을 것이다. 그녀에게도 이방여자라고, 남편 없는 젊은 과부라는 편견은 처음부터 좋게 대하지는 않았을 것이다. 개종은 하였지만 하나님을 안 믿는 나라에서 왔다며 룻의 과거를 들추면서 비난했을 것이다. 인간은 못된 습관이 있다. 바리새파와 사두개파 사람들이 자기 신앙을 숨기기 위해 그리스도를 비난하고 교회를 핍박하였다. 이처럼 자신의 전력은 덮으면서 남의 전력을 들추는 마귀의 사람들이 그러하다는 교훈이다.

여인들이 나오미에게 이르되 찬송할지로다.(4:14a)

이제는 나오미에게 복을 빌어 "찬송하리로다."라고 한다. 베들레헴 여인들이 나오미에게 복을 빌어줄 때 하나님께서 모든 어려움을 해결해 주었다고 "여호와께서 오늘날 네게 기업 무를 자가없게 하지 않았다"는 것이다. 그리고 중요한 축복은 새로 태어난 오벳의 이름이 이스라엘 중에서 유명해 지라는 축복하였다. 베들레헴 여인들이 나오미를 축복하고 새로 태어난 오벳에게 빌어준 축복이 우리에서 주는 교훈이 있다.

여호와께서 오늘날 네게 기업 무를 자가 없게 아니하셨도다. 이 아이의 이름이 이스라엘 중에 유명하게 되기를 원하노라(4:14b)

왜 베들레헴 여인들이 나오미에게 그토록 큰 축복으로 복을 빌어주었을까? 룻이 이렇게까지 되는 데에는 나오미의 중재가 있었기 때문이다.(3:1~5.18), 나오미의 중재로 룻을 보아스에게 시집보내는 일만으로 끝나지 아니하고 룻의 어려운 환경까지 바꾸어놓은 중재자였다. 베들레헴 여인들은 새로 태어난 오벳에게 "이스라엘 중에서 유명하게 되기를 원했던 대로" 믿음의 사람들에게 유명하게 되었다. 사무엘선지는 어머니 한나의 기도로 유명한 선지자가 되었다. 디모데는 어머니 유니게과 외할머니의 기도로 유명한 하나님의 종이 되었음을 교훈한다. 따라서 믿는 사람들의 입에서는 항상 자녀들에게 신령한 사람으로서 유명하게 되도록 기도해야 된다는 교훈이다.

이는 네 생명의 회복자며 네 노년의 봉양자라. 곧 너를 사랑하며 일곱 아들보다 귀한 자부가 낳은 자로다.(4:15)

베들레헴 여인들은 장차 나오미에게는 오벳이 생명의 회복할 자가 되라고 기도하였다. 오벳을 나오미를 봉양하는 외손자가 되라고 기도하였다. 오벳이 외할머니를 사랑하는 손자가 되라고 기도하였다. 그리고 베들레헴 여인들은 룻에게는 일곱 아들보다 더 귀한 며느리가 될 것으로 복을 빌어주었다. 그들의 기도한 축복은 그대로 이루어졌다.

불신의 나라 모압으로 갔다가 돌아온 나오미에게는 아무것도 없는 빈손이었다. 의지할 남편은 죽었다. 두 아들까지 없는 나오미에게는 의지할 사람의 없었다. 그녀의 목숨은 살아있다고는 말할 수 없는 어려운 환경이었다. 그러한 그녀에게 오벳은 생명에 빛이 되었다. 따라서 오벳은 외할머니의 보살핌으로 사랑받는 외손자가 되었다. 이처럼 훌륭한 아들을 낳은 룻은 당연히 칭송받을 일을 했다는 것이다.

나오미가 아기를 취하여 품에 품고 그의 양육자가 되니,(4:16)

한 가문의 역사에서 폭풍우에 시달리고 매서운 추위에 모든 잎이 떨어져나간 고목과도 같았던 나오미의 지난날을 먼저 생각하도록 한다. 나오미의 인생에는 봄이 되어도 잎을 피울 생각도 못하고 꽃도 한번 제대로 피우지 못한 채로 새들이 즐겁게 지저귀는 소리도 듣지 못하고 점점 시들어갔던 고목나무와도 같았다. 고목은 땅 속에서 오랫동안 생명을 연연하며 간직해온 뿌리처럼 나오미의 생명을 지탱해 주고 있었다. 그러던 중 어느 날부터 대지를 촉촉하게 적셔주는 빗물과 따뜻한 햇볕에 의해 쓰러져가던 고목은 다시 살아나기 시작했듯이, 나오미에게도 그러한 지난날의 고통을 모두 잊어버리게 하고 행복한 삶으로 바꾸어지는 날이 온 것은 오벳의 출생으로 인함이다. 고목이 이듬해 봄날에는 새로운 싹도 나고 꽃도 피울 수 있었듯이, 나오미에게도 오벳이라는 꽃을 피우게 되었다. 이처럼 오래된 고목과도 같이 시련과 고난의 날들을 보낸 나오미에게 아기 오벳은 새로운 바람이 되었다는 교훈이다.

여기서 우리들의 뒷모습을 되돌아볼 필요가 있다. 앞으로 죽음이 얼마 남지 않은 나오미는 기력이 쇠하여지고 감각이 무디어져서 제대로 움직일 수도 없으며 인생에서의 즐거움도 기대할 수 없는 처지였다. 몇 되지도 않았던 친구들도 서서히 다른 세계로 떠나가고 자신도 그렇게 떠나갈 나이였지만 오벳을 안으며 기뻐하였다. 사람에게는 오는 순서는 있어도 가는 순서는 없다는 말이 있다. 그렇다면 지난날의 인생여정에서 나오미처럼 그러한 길을 걸어온 사람들도 있을 것이다.

그 이웃 여인들이 그에게 이름을 주되 나오미가 아들을 낳았다 하여 그 이름을 오벳이라 하였는데(4:17a)

오벳이라는 이름은 많은 의미를 함축시켜 준다. 오벳을 낳은 사람은 룻이다. 그런데도 이웃 여인들은 나오미가 아들을 낳았다고 기뻐하였다. 어쩌면 기뻐하는 것은 이웃 여인들이 아니라 나오미일 것이다. 그녀는 모압 땅에서 남편과 두 아들이 죽고 두 자부마저 남편들을 잃은 세 과부가 눈물로 10년을 보내던 지난날은 그의 말대로 징벌 자체라 하였다. 이것이 '나를 나오미라 부르지 말고 마라라 부르라 하지 않았던가.' (1:20)

이러한 고통과 역경과 슬픔은 잎을 떨어뜨리려고 매서운 바람이 흔들어대던 앙상한 가지처럼, 믿음을 꺾어보려고 흔들어대던 지난날이 어쩌면 앙상한 가지처럼 괴로웠을 것이다. 나무의 몸통에 붙어있는 앙상한 가지는 모진 바람에 잎은 떨어졌을지라도 꺾이지 않았듯이, 마귀가 흔들어대던 세속의 바람에 명성은 떨어졌을 지라도 주님께 붙어있는 믿음만은 꺾이지 않은 사람들이 있을 것이다. 꽃 하나 피우지 못한 고목처럼 청춘의 아름다움을 한번 펴보지도 못한 채 얼굴에 주름살만 늘어난 사람들도 있을 것이다.

그러던 중 어느 날부터 대지를 촉촉하게 적셔주는 빗물과 따뜻한 햇볕으로 쓰러져가던 고목이 다시 살아나기 시작하면서 꽃을 피울 수 있듯이, 주름살을 타고 흐르던 눈물은 어느덧 아름다운 향기를 내면서 어린양을 안으면서 기쁨으로 만끽하게 될 날이 있을 것이다. 나오미가 오벳을 안고 기뻐하였듯이 신부들도 어린양에게 안기어서 기뻐하는 날이 올 것이다.

그는 다윗의 아비인 이새의 아비였더라(4:17b)

오벳의 이름을 강조하는 것은 다윗의 계보를 알리기 위함이다. 성경은 다윗의 뿌리가 예수님이라고 강조한다. 그것은 예수님의 세계를 나타내기 때문이다. 세계(世系)는 계보(系譜)와 다르고 족보(譜族)와도 다른 차원이다. 족보는 한 족속이 이어짐을 나타낸다. 계보는 한 혈통으로 이어짐을 나타낸다. 세계는 대대(代代)를 이어짐을 나타낸다. 성경은 아브라함과 다윗의 자손 예수 그리스도의 세계라고 기록되어있다. 다윗의 뿌리인 예수를 나타내기 위해 오벳의 혈통을 설명하였다.

20장. 훌륭한 아내 룻에게서 오벳의 탄생

베레스의 세계는 이러하니라. 베레스는 헤스론을 낳았고,(4:18)

마태복음에는 "살몬은 라합에게서 보아스를 낳고, 보아스는 룻에게서 오벳을 낳고, 오벳은 이새를 낳고, 이새는 다윗 왕을 낳으니라"(마1:5)고 족보를 열거하였다. 그런데 남자들로 이루어지는 족보에서 유달리 라합과 룻이라는 두 여인의 이름이 올려졌다. 룻기 전체를 통하여 우리는 네 가지 교훈을 얻게 된다.

세계라는 '게네세오스($\gamma\epsilon\nu\acute{\epsilon}\sigma\epsilon\omega$s)'는 시작으로부터 대대, 곧 시조를 말한다. 성경에는 세 곳에만 쓰이는 단어다. 첫 번째가 본문에 나오는 베레스의 세계다. 두 번째는 역대상 1장29절에 나오는 이스마엘의 세계다. 세 번째는 마태복음 1장1절에서 예수 그리스도의 세계라 하였다. 다말은 유다의 장자 엘과 결혼했으나 남편이 죽고 다음에 시동생인 오난과 결혼하였다. 그래도 자식을 얻지 못하자 시아버지 유다와 관계를 맺고 세라와 베레스 쌍둥이 낳았다.

민수기 26장21절에 세라는 유다가문에서 세라시조가 된다. 역대상 2장7절에서 세라의 증손 아간이 하나님께 바친 물건을 훔친 벌로 (수6:18.7:1) 시조의 승계는 베레스 자손에게로 넘어갔다. 이것이 보아스와 룻에게 주어지는 첫 번째 축복이 되는 역할이다. 이 교훈은 선조도 잘 만나야 하지만 후손을 잘 가르쳐야 한다는 교훈이다. 모든 백성과 장로들이 우리가 증인이 되었다.

헤스론은 람을 낳았고 람은 암미나답을 낳았고,(4:19)

오벳으로부터 다윗 왕까지의 혈통을 설명하는 내용이다. 이 혈통의 중요성은 다윗의 뿌리가 되는 메시야의 계보를 알리기 위함이다. 혈통으로 이어지는 축복이 보아스와 결혼한 룻에 관한 역사가 담겨져 있다. 룻기서 자체에서 보아스는 예수님의 모형이고 룻은 신실하고 거룩한 성도로서 어린양과 결혼할 신부들의 모형으로 기록되어있다. 그리고 나오미는 하나님의 아들 예수와 그의 성도들을 결혼으로까지 이끌어주는 성령의 모형이고, 친정으로 돌아간 오르바는 예수를 구주로 믿다가 타락하고 불신앙으로 전락하는 신자의 모형으로 기록되어 있다. 이러한 줄거리를 이해시키려고 오벳으로부터 내려오는 혈통이 설명되었다.

헤스론부터 설명하는 것은 야곱의 열두 아들에서 이스라엘의 열두 반열부터 시작되기 때문이다. 야곱의 열두 아들 중에서 유다가 다말로 말미암아 낳은 쌍둥이 형제 베레스와 세라 중에서 베레스의 아들이 헤스론이다. 헤스론의 아들 람은 살몬이 라합으로 말미암아 낳은 보아스의 고조가 된다. 그리고 보아스가 룻으로 말미암아 낳은 아들이 오벳이다. 따라서 오벳의 선대와 아래로 후손 다윗까지 혈통을 설명하기 위해 베레스로부터 설명한 것이다.

암미나답은 나손을 낳았고 나손은 살몬을 낳았고,(4:20)

헤스론의 손자 암미나답은 살몬의 조부이다. 살몬이 오벳의 할아버지다. 여기까지는 오벳의 선조들이고 오벳에서 다윗까지는 후손들이다. 우리는 룻기를 통하여 참된 그리스도인이 걸어가야 할 신앙의 길을 배우게 하신다. 우리들 대부분은 자신의 생활이 참된 성도의 생활이라고 떳떳하게 말할 수는 없을 것이다. 특히 룻기를 읽은 우리들은 불평만 하는 자신의 생활에 대해 부끄러워할 줄 알아야한다. 룻기는 성경의 다른 부분에서도 알 수 있는 것은 어려움과 고난의 때에 하나님께 간절히 원하며 기도하는 것을 멈추지 않는다면 하나님께서는 우리가 원하는 것을 가득 채워주신다는 것을 배우게 하신다.

그러므로 우리는 시련과 어둠의 때를 지나서 밝은 빛을 받을 때까지 간절히 기도하며 악의 길과 싸워야 할 것을 배우게 하신다. 그리고 마지막으로 룻을 통하여 배우게 하는 것은 믿는 사람이라면 반드시 룻이 보아스와 결혼하듯이 어린양과 결혼하라는 것을 배우게 하신다. 성경은 "쉬지 말고 기도하라" 하신다. 그리하면 하나님께서 우리가 원하는 것보다 더욱 많은 것으로 가득 채워주시는 것을 배우게 하신다.

살몬은 보아스를 낳았고 보아스는 오벳을 낳았고,(4:21)

혈통의 주역이 베레스로부터 오벳에까지 이어져 왔다. 룻이 모압을 떠나 한숨과 눈물로 베들레헴까지 왔다. 그러나 오는 길보다 더 험난한 삶이 시작되었다. 그 험난하고 고달픈 삶은 인간이라면 누구나 간과할 수 없는 의식주문제다. 룻도 나오미의 하나님이 자기의 하나님이 될 것이라고 서원하였다. 그리고 어머니의 백성, 곧 세계의 모든 믿는 자들의 어머니가 되리라던 소망이 이루어지게 되었다. 룻이 그러한 다짐이 예수님의 조상이 되리라고 생각이나 하였겠는가? 그러니 나오미가 룻이 낳은 오벳을 말미암아 기뻐했던 것이다.

우리는 룻이 보여주는 그녀의 삶에서 교훈을 받아야 한다. 예수를 믿겠다고 시작하였다가 인간의 정에 끌리고 육신이 원하는 욕망을 채우려고 예수를 등지고 떠나는 오르바와 같은 사람들이 있을 것이다. 그와는 반대로 성령의 인도하심을 받으면서 죽음을 마다하지 아니하고 시온으로 향하는 룻과 같은 사람들도 있다. 그러나 문제는 룻처럼 빛나고 깨끗한 세마포로 바꾸어질 두루마기가 입혀져 있는 사람은 그리 많지 않다는 사실이다.

룻은 오벳을 낳기까지 말로 표현할 수 없는 험난한 삶을 살았다. 그럼에도 그 환경을 이기고 예수님의 조상이 되는 영광을 얻었다. 룻이 보아스와 결혼한 것은 신부들의 결혼하는 예표다. 이 영광의 자리에 들어갈 수 있는지 점검해야 한다.

오벳은 이새를 낳았고 이새는 다윗을 낳았더라.(4:22)

보아스는 룻에게서 오벳을 낳고, 오벳은 이새를 낳고, 이새는 다윗 왕을 낳으니라.(마 1:5~6)

예수님의 선조 할머니 다말(가나안 여인), 라합(가나안 여인), 룻(모압 여인). 세 사람 모두가 이방여인들이다. 다말은 가나안 여인으로서 유다의 큰 아들 엘과 둘째 아들인 오난과의 혼인했던 과거가 있다. 라합은 가나안 여리고 기생으로서 살몬과 혼인했다. 룻은 모압 여인으로서 보아스와 결혼하기 전에 말론과 혼인한 여인이다. 어찌 보면 기구한 운명을 타고난 여인들이라 할 것이다.

그러나 다말과 라합과 룻이 위대한 그리스도의 조상이라는 점이다. 룻으로부터 내려오면 다윗 왕, 다윗 왕으로부터 예수 그리스도에까지 이어진다. 룻을 보아스에게 중매한 사람은 누구인가? 시어머니 나오미다. 여러분은 우리는 누구와 결혼하려 하는가? 사도 바울은 "바울은 너희를 정결한 처녀로 한 남편인 그리스도께 드리려고 중매함이로다."(고후11:2) 하였다.

한 젊은 여인이 베들레헴으로 이주해 온 말론과 혼인하였으나 자식을 나아보지도 못한채 사별하였다. 죽은 남편이 여호와 하나님을 섬긴 사람이기에 시어머니의 가르침으로 신앙의 길을 밟았다. 영원한 하늘나라에 계시는 분을 찾아 나섰다. 그리고 베들레헴에 도착하였으나 하나님을 만나는 길은 험난했다. 주변의 멸시와 생활의 궁핍함을 이기고 보아스라는 남자와 결혼하게 되었다. 따뜻한 보살핌을 받았기에 생소하지는 않고 살다가 예수님의 조상이 될 오벳을 낳고서 자기가 서원하고 다짐했던 대로 하나님이 자기 하나님이 되었다. 그리고 이스라엘 백성이 자기 백성이 된 것으로 정리되었다.

롯기에 기록된 내용들을 우리의 삶에 적용시켜서 정리해 보았다. 엘리멜렉의 가족들이 돈을 따라갔듯이 그리스도인들 중에서도 그러한 사람들이 많을 것이다. 하나님은 우리에게 목숨 다음으로 주신 것이 돈이라는 물질이다. 그러나 그것이 하나님께서 오라고 부르시는 하늘나라로 가기위한 필요조건일 뿐이다. 그럼에도 사람들은 필요조건을 절대조건으로 착각하며 살아가고 있다. 그 착각이 불러오는 생(生)이 돈을 따라가게 되는 것이다. 예수를 믿는 그리스도인들이 돈을 따라가서는 안 될 곳에 좇아가기도 한다. 세상에서 더 좋은 곳을 택하는 것은 좋은 성택이다. 그러나 믿음이 환경에 치우치도록 살면 안 된다. 그렇게 치우치는 것은 인간의 연약함 때문이다.

이 연약함을 달래고 영원한 복의 근원인 하늘나라로 가려고 교회에 들어오는 것이다. 그리고 말씀을 통하여 하나님의 나라가 어떤 곳이며 그 축복이 어떠한가를 배우게 된다. 그리고 하늘나라에까지 가려면 어떠한 행실이어야 되는지도 알게 된다. 또한 하늘나라에 가지 못하면 지옥에 가게 된다는 것도 알게 된다. 그러나 배움에서 건성으로 배우는 사람들이 있고 배움에 전념하는 사람이 있는 것이다.

신앙에는 '믿음' 과 '행함' 이라는 생의 양면성이 있다. 또한 성경을 읽으면 인간의 무력함과 사단의 올무를 알게 된다. 우리에게는 왕이라는 예수님이 계시는 곳도 알게 된다. 그 예수님과 결혼을 추진시키시는 분은 성령님이시다. 하늘나라와 영원한 축복에 대하여 건성으로 배운 사람은 육신이 요구하는 육욕을 이기지 못하고 오르바처럼 믿음을 떠나 세상으로 돌아간다. 그러나 배움에 전념하는 사람은 오직 어린양의 신부가 되려는 신념으로 고달픔과 고통을 이기며 한 발짝 한 발짝 전진하는 것이다. 이런 성도는 룻이 고백한 것처럼 "어머니의 백성이 나의 백성이 되고, 어머니의 하나님이 나의 하나님이 되시도록 노력한다.

이처럼 힘쓰고 애쓰는 사람은 예수님께서 혼례식에 입게 될 드레스(세마포)를 허락하시도록 스스로 의로운 두루마기가 되도록 구원의 옷에서 발전시키는 것이다. 그렇게 살아가는 사람들은 날마다의 삶에서 그날을 사모하며 바라는 것을 사도 바울이 남겨준 말씀을 생각해 보게 된다. 바울도 하나님을 섬기는 바리새파에 속한 사람이었었다. 그런 그가 교회를 없애고 신실한 성도들을 체포하려고 다메섹으로 가던 도중에서 예수님을 만나고 나서 글을 남겼다. "내가 이미 얻었다 함도 아니요 온전히 이루었다 함도 아니라, 오직 내가 그리스도 예수께 잡힌바 된 그것을 잡으려고 좇아가노라."(빌3:12)하였고, 계속하여 "나를 위하여 유익했던 모든 것을 배설물로 여기고, 오직 그리스도와 그 부활의 권능과 그 고난에 참여함을 알려하여 그의 죽으심을 본받아 어찌하든지 나도 부활에 이르려 한다"(빌3:8~)라고 하였다.

이것이 룻이 얻으려 했던 길이 아닌가 생각된다. 따서 마지막 때를 살고 있는 성도들 중에서는 어린양의 신부가 되려고 바울처럼 나에게 유익하던 모든 것을 다 버리고 그날에 들림 받아지기를 간절히 소망하는 사람들이 있을 것이다. 이런 성도들에게 이 룻기서는 좋은 길

잡이가 되리라 본다. 끝까지 읽어주신 모든 분들의 영혼에 주님의 사랑과 긍휼로 깨끗하고 빛나는 세마포 옷이 입혀져서 아름다운 신부로 간택되기를 빌어드린다.